Como Evitar o Karma
Um Guia para Garantir a Ascensão Pessoal

por
Guy Steven Needler

Traduzido por: Marcello Borges

©2014 Guy Steven Needler
Tradução para Português: 2025

Todos os direitos reservados. Nenhuma parte deste livro, em parte ou no todo, pode ser reproduzida, transmitida ou utilizada por qualquer forma ou por qualquer meio, eletrônico, fotográfico ou mecânico, incluindo fotocópia, gravação ou qualquer sistema de armazenamento e recuperação de informações, sem autorização prévia por escrito da editora Ozark Mountain Publishing, exceto no caso de breves citações incluídas em resenhas e artigos literários.

Para permissão, serialização, condensação, adaptações ou para nosso catálogo com outras publicações, escreva para Ozark Mountain Publishing, Inc., P.O. Box 754, Huntsville, AR 72740-0754, EUA, Attn.: Permissions Department.

Dados de Catalogação na Fonte da Biblioteca do Congresso
Needler, Guy Steven, 1961
Como Evitar o Karma: Um Guia para Garantir a Ascensão Pessoal, por Guy Steven Needler
   Métodos para evitar criar karmas, auxiliando o desenvolvimento espiritual do indivíduo.

1. Karma 2. Crescimento Espiritual 3. Metafísica
I. Needler, Guy Steven, 1961 II. Karma III. Título

ISBN: 978-1-962858-80-9

Projeto da capa: www.noir33.com & Travis Garrison
Traduzido por: Marcello Borges
Tipografia: Times New Roman
Design do livro: Nicklaus Pund
Publicado por:

P.O. Box 754
Huntsville, AR 72740
800-935-0045 ou 479-738-2348 fax: 479-738-2448
WWW.OZARKMT.COM
Impresso nos Estados Unidos da América

Para minha querida esposa

Anne Elizabeth Milner

Agora "Ascensionada"

(10 de abril de 1957 – 24 de dezembro de 2012)

Sumário

Introdução	i
Reagindo a Provocações	1
Tomando Cuidado com a Realidade Digital	1
Possuindo Apenas Aquilo de Que Precisamos	2
Amando Nossos Inimigos-pois Somos Todos Um Só	2
Sendo Úteis	3
Definindo Nossa Motivação	3
Evitando Mexericos	4
Deixando de Julgar	5
Escolhendo Cuidadosamente Nossos Amigos	5
Fazendo Conluios para Ganhar Falsos Amigos	6
Buscar Favores, uma Forma de Conluio	6
Conscientizando-nos de Vícios Automáticos	7
Percebendo Pequenos Vícios	8
Mantendo o Vício do Sexo	8
Identificando os Medos	9
Escolhendo o Amor	9
Mantendo a Calma	10
Pensando Antes de Responder	11
Comungando com Deus para Criar o Céu	12
Sendo Felizes e Bondosos	13
Assumindo Nossas Responsabilidades	13
Permitindo que os Outros Tenham Suas Crenças	14
Escolhendo Nossos Hábitos com Sabedoria	15
Cumprindo Compromissos	16
Cuidando e Exercendo o Cuidado	16
Mantendo-nos Atentos	17
Vendo a Luz em Tudo	18
Seguindo os Dez Mandamentos da Entidade Fonte	18
Praticando a Paciência	22
Não Esperar Recompensas	22
Não Antecipando Nada	23
Aceitando a Providência Divina em Todas as Situações	23

Vendo nas Situações Oportunidades de Evolução	24
Aceitando a Frustração	25
Tendo Impaciência, a Predecessora da Frustração	25
Sentindo-nos Insatisfeitos e Impacientes	26
Vendo o Contentamento como Uma Faca de Dois Gumes	27
Oferecendo Amor Incondicional	28
Compartilhando a Bondade	28
Perpetuando o Karma	29
Evitando a Mentalidade Competitiva	29
Sendo Complacentes com a Complacência	30
Aceitando Tudo	30
Aprendendo pela Observação	31
Comparando-nos com os Outros	31
Vivendo como Guardiões Transitórios	32
Desconectando o Eu Físico do Eu Energético	32
Vigiando as Sensações que Viciam	33
Usando o Desejo com Cuidado	34
Mantendo-nos em Dívida	34
Sentindo-nos Traídos	35
Aceitando em Vez de nos Magoarmos	36
Recusando-nos a Ignorar um Pedido de Ajuda	37
Sintonizando-nos com os Outros	38
Vivendo Um Dia de Cada Vez	39
Respeitando a Nós Mesmos e ao Meio Ambiente	40
Sendo Bons Exemplos Espirituais	41
Sendo Fiéis a Nós Mesmos	42
Eliminando a Insegurança Pessoal	42
Pensando de Forma Limitada	43
Atraindo Baixas Frequências Pela Inveja	44
Mantendo um Corpo Físico Saudável	44
Dando o Exemplo de Como "Viver Bem"	46
Examinando a Unidade	46
Estando em Dívida com os Outros	47
Criando Karma Autogerado	48
Tendo Medo	49
Gerando Karma Devido ao Tédio	49
Evitando a Coerção	50
Culpando os Outros	51

Usando os Outros em Proveito Próprio	52
Cometendo Crimes	53
Causando Danos Físicos	54
Prejudicando o Corpo de Um Animal	55
Prejudicando a Flora	56
Desperdiçando Recursos Naturais	57
Fazendo Comparações	58
Reclamando: uma Intoxicação de Baixa Frequência	59
Precisando Manter o Controle	60
Comparando e Contrastando	61
Atraindo Karma Positivo pela Alegria	62
Sendo Felizes	63
Vivendo o Verdadeiro Amor	64
Cometendo Suicídio	65
Identificando o Karma Instantâneo	66
Escolhendo Nossos Amigos	67
Evitando o Apego	67
Vivenciando o Amor Divino	69
Praticando o Desapego	70
Sentindo o Amor Divino	71
Alinhando-nos com o Conhecimento Divino	72
Acumulando Karma Retrospectivo	73
Existindo numa Esfera de Dois Anos	74
Identificando Ações/Reações Anteriores	75
Evitando o Karma Cíclico	76
Sentindo o Luto	77
Vivendo no Passado	78
Sendo Gratos	79
Sendo Atentos	80
Desenvolvendo a Apreciação Consciente	80
Observando Detalhes	81
Balanceando nossas Experiências	82
Sorrindo na Adversidade	83
Recordar: a Chave para Evitar o Karma	83
A Sabedoria da Entidade Fonte para Evitar o Karma	85
A Equação entre a Fisicalidade e a Mente Energética/ Superconsciente	97
Sobre o Autor	99

Introdução

As informações contidas neste livro, passadas a mim pela Entidade Fonte, destinam-se especificamente a fazer com que nós, caros leitores, pensemos, levando-nos assim a mudar nossos hábitos, a perceber quem e o que realmente somos e a sair de nosso sono encarnado para ascendermos.

No entanto, para fazermos isto, precisamos ser vigilantes.

Este livro não é grande; não era mesmo para ser grande. Tem menos de 120 páginas e poderia facilmente ser lido num só dia. No entanto, peço-lhe que não faça isso. Vou lhe pedir para ler cada trecho isoladamente, trabalhando-o da melhor maneira possível. Absorva aquilo que lhe for apresentado e livre-se das limitações do físico, ignorando o karma e ascendendo durante esse processo. Leia dois trechos por semana, no máximo, e crie o compromisso pessoal de seguir aquilo que foi apresentado. Ou, melhor ainda, leia um por semana e aplique o conselho com rigor. Observe seu desempenho e faça correções quando for necessário, fazendo-o com amor e servindo de exemplo para os demais.

O amor transcende o karma; ele está pelo multiverso todo.

O karma é apenas uma função do universo físico, e nossos verdadeiros eus energéticos, quando são atraídos pelas frequências mais baixas associadas ao universo físico, ligam-se a ele. Daí a necessidade de retornarmos a ele para romper o vínculo, romper o ciclo kármico. Depois que o vínculo com o físico é rompido, torna-se desnecessário reencarnar e o verdadeiro eu energético pode ascender pelas frequências e evoluir nesse processo, sem nunca mais precisar experimentar estas baixas frequências associadas com o universo físico.

A autoestima e o amor pelo próximo são, portanto, a chave para a ascensão, e quando tiver terminado este livro, você estará "No Amor", "Na Ascensão"—ao mesmo tempo em que evita o karma.

Guy Steven Needler
1o de fevereiro de 2013

Reagindo a Provocações

O primeiro estágio para evitar o karma consiste em não reagir às provocações e piadas daqueles com quem entramos em contato, vendo-os, em lugar disso, como seres que estão no caminho evolutivo, tal como nós. Ao procurar o significado maior por trás das palavras e ações do acusador, devemos ser observadores tolerantes e benevolentes, compreendendo a experiência das lições que eles nos proporcionam e reagindo com compaixão e gratidão. Assim, evoluímos nesse processo.

Tomando Cuidado com a Realidade Digital

O karma é função da atração pelo físico, e também funciona em interface com a realidade digital, pois é uma função do físico. Sendo assim, também tem o potencial para ser um vício, servindo para nos ancorar ao físico.

Possuindo Apenas Aquilo de Que Precisamos

Devemos nos lembrar de olhar para aquilo de que precisamos na vida e não para o que queremos na vida. Se nossa necessidade for menor que nosso desejo, então temos o potencial para acumular as frequências baixas ou o karma associado à atração e posse de bens físicos. Isto decorre do karma e nunca encontra satisfação, pois quanto mais temos, mais parece que queremos.

Amando Nossos Inimigos—pois Somos Todos Um Só

Amar nossos inimigos é o mesmo que nos amarmos, pois nossos inimigos são "nós mesmos". Perceber que somos todos "um" e um com Deus afasta nossa necessidade de identificá-los como nossos inimigos. Como as pessoas podem ser realmente nossas inimigas se são apenas outra parte de nós?! Perceber esta realidade e agir com base nela é um modo muito poderoso de evitar o karma.

Sendo Úteis

Estamos aqui para sermos úteis a aqueles que precisam de ajuda, fazendo-o de forma altruísta, sem exigir recompensa. Sendo úteis de modo geral, criamos karma positivo (as frequências superiores nos atraem), mas devemos ter o cuidado de não adotarmos uma postura que sugere que seremos recompensados em algum momento, pois isto cria karma negativo (as frequências inferiores nos atraem).

Definindo Nossa Motivação

É necessário recuar e levar em consideração a motivação por trás de nossas ações. Estamos sendo motivados pela necessidade ou pela cobiça? Pelo altruísmo ou pelo egoísmo? Quaisquer ações baseadas em motivações físicas atraem karma negativo.

Evitando Mexericos

Quando evitamos espalhar mexericos ou sermos atraídos por eles, estamos sendo sensatos. O mexerico é a forma mais eficiente de acumular karma negativo como humanos.

Fofocar é um passatempo particularmente insidioso, pois nos arrasta para as baixas energias frequenciais da outra pessoa, aumentando a energia dela. Quando mais pessoas participam do "mexerico", o líder do mexerico torna-se o centro de um coletivo criado por energias que geralmente se concentram no escárnio de alguém. Está sendo criado um coletivo com efeitos sinergéticos, mas pela razão errada. Com efeito, isso nos une como membros do coletivo num sumidouro de energia que cria uma mentalidade de "sobreposição", contornando nossa mentalidade e raciocínio pessoais e destruindo nosso livre arbítrio.

O antídoto consiste em não nos envolvermos em mexericos, ajustando bem nosso "eu observador"—uma ferramenta de observação que nos permite olhar para tais discussões sob a perspectiva de alguém de fora. Se virmos que já estamos envolvidos no mexerico, será hora de dizermos que não temos comentário a fazer e de nos afastarmos dali.

Deixando de Julgar

O juízo, tanto individual quanto coletivo, é uma função do mexerico, e assim proporciona um caminho limpo e direto para a existência sob baixas frequências, criando uma espiral descendente em termos frequenciais.

Julgar, portanto, é uma coisa que nunca devemos fazer, pois é uma função da percepção personalizada dos processos que levam a certa posição, mas não dos verdadeiros, aqueles que levaram a um "fato" e não a um "juízo".

Escolhendo Cuidadosamente Nossos Amigos

Manter o bom ânimo e cercarmo-nos de indivíduos com a mesma mentalidade enquanto estamos encarnados é uma medida sábia. Deveríamos evitar aqueles que nos arrastam para baixo, seduzindo-nos para que participemos de ações de baixa frequência.

Como Evitar o Karma

Fazendo Conluios para Ganhar Falsos Amigos

Uma forma de karma ainda mais insidiosa pode ser vista na necessidade de fazer conluios. O conluio é aquilo que fazemos quando buscamos o favor dos outros para participarmos "da" equipe, "do" grupo, ou para estarmos com alguém influente cuja associação, segundo cremos, vai nos beneficiar de algum modo, social, profissional ou egoísta, fazendo com que tenhamos alguma "vantagem".

A necessidade de fazer conluios, portanto, baseia-se em desejos físicos e, como tal, atrai as frequências inferiores associadas aos aspectos mais sutis da existência física.

Buscar Favores, uma Forma de Conluio

Buscar os favores dos outros é uma forma de conluio e resulta na expectativa de um benefício pessoal com esse favor. Quando buscamos um favor, estamos SEMPRE esperando alguma espécie de recompensa como resultado desse favor, que, se não for feito, resulta em nosso desapontamento, depois em pensamentos negativos e na sensação de que fomos traídos. Quando pedimos e recebemos um favor, ficamos "devendo um favor" à pessoa que nos fez o favor. Isto resulta na antecipação negativa do favor solicitado e se podemos dar apoio a tal pedido segundo as expectativas de quem pediu. Como resultado, o favor retribuído é sempre maior do que aquele que foi feito.

Portanto, não devemos buscar retribuições, dando livremente, como um presente, aquilo que é solicitado. Com isso, não vamos esperar nada em troca, exceto o amor de Deus, pois a recompensa do reconhecimento de um possível elo kármico foi quebrada.

Conscientizando-nos de Vícios Automáticos

É importante recuarmos e analisarmos aquilo que fazemos diariamente de maneira automática.

Quanto daquilo que fazemos é necessário para sobrevivermos? Como o vício do "prazer" físico se baseia numa ação ou resposta automática? Renunciando a nossos vícios, deixamos de lado o karma gerado automaticamente.

Percebendo Pequenos Vícios

É necessário perceber nossos pequenos vícios e adições, especialmente aqueles que talvez não consideremos vícios e sim preferências. Qualquer tipo de vício é um vínculo constante com as frequências baixas. Os pequenos vícios são insidiosos e invisíveis para todos, exceto para os mais atentos buscadores da verdade.

Mantendo o Vício do Sexo

Praticar sexo para procriação é, ao mesmo tempo, uma necessidade e um prazer. No entanto, praticar o sexo como recreação pode nos levar a descer pelo caminho do vício das sensações físicas associadas ao sexo, uma função de baixa frequência.

Identificando os Medos

Quando analisamos nossos medos, é importante perceber onde estão baseados. Relacionam-se com o trabalho, com relacionamentos, bens, aparência, credibilidade pessoal, dinheiro? Todos estes são medos baseados no ambiente físico e não prestaríamos atenção alguma neles no plano energético. Se não prestamos atenção nesses ou noutros tipos de medos no plano energético, por que deveríamos prestar atenção neles enquanto estamos encarnados, já que o medo é um produto da presença nas frequências inferiores associadas à existência encarnada?

Escolhendo o Amor

O amor é o antídoto para o karma, e por isso devemos

- Amar a Deus;
- Amar o próximo;
- Amar nossos inimigos;
- Amar nossos parceiros/nossos cônjuges;
- Amarmo-nos a nós mesmos;
- Amar nossos erros;
- Amar nossos êxitos;

- Amar nossas experiências atuais;
- Amar nosso planeta;
- Amar nossos mestres; e
- Amar aquilo que "se" apresentar para nos oferecer experiência, aprendizado e evolução.

Se amarmos todas essas coisas sem reservas, certamente iremos evitar o karma por toda a nossa vida!

Mantendo a Calma

Manter uma postura calma e fazer tudo o que fazemos de maneira calma e serena, independentemente do ambiente onde nos encontramos, é muito importante. Quando nos defrontamos com condições adversas, é fácil tornarmo-nos parte dessas condições, sendo atraídos para as baixas frequências que as criaram.

Mantendo a calma, conseguimos nos elevar acima do drama, permanecendo inalterados e tendo uma resposta eficiente dentro das frequências superiores. Assim, podemos lidar com o físico enquanto estamos "no" físico, sem fazer parte "do" físico. Logo, a calma é um estado de espírito que afasta a possibilidade de adquirirmos conteúdo kármico devido a reações espontâneas.

Quando permanecemos calmos em todas as situações, entra em cena nosso "eu observador". Com ele, levamos em consideração o quadro geral, permitindo-nos reagir de maneira respeitosa, atenciosa e bem fundamentada. Logo, devemos nos esforçar para mantermos a calma o tempo todo.

Pensando Antes de Responder

Desde o momento em que despertamos pela manhã, é uma boa prática pensar no que podemos fazer para evitar a atração pelas energias de baixa frequência que chamamos de karma.

Evitar o karma conscientemente requer bastante prática, até conseguirmos fazê-lo automaticamente. Se pensarmos em tudo que estamos fazendo ou que estamos prestes a fazer com vistas à possibilidade de acumularmos karma e depois pensarmos em como podemos evitá-lo, aumentaremos a conscientização de como tornar essa prática uma parte regular de nossas vidas.

Depois que tivermos estabelecido respostas "à prova de karma", poderemos fazer, dizer e reagir dessas maneiras e não como fazíamos antes, com respostas e reações instantâneas e improvisadas. Depois de nos acostumarmos a reagir e a trabalhar de forma segura em relação ao karma, com o tempo vamos perceber que estamos ficando mais "leves". Esta é a prova de que estamos atraindo energias de frequência superior, acumulando karma positivo e acelerando nosso processo evolutivo.

Comungando com Deus para Criar o Céu

Quando estamos no plano energético, estamos totalmente livres e nos comunicamos instantaneamente com nossos colegas e com nosso Criador. Não temos restrições e não temos a sobrecarga do corpo físico, pois estamos em nosso ambiente normal, numa dimensão elevada e de frequência superior.

Quando estamos encarnados, estamos presos a corpos extremamente limitados e lentos que se deterioram, cortando nossa comunicação com nossos colegas energéticos e nosso Criador, ficando sujeitos a dores, desconforto, doenças e moléstias. Em comparação com nosso ambiente energético normal, é um inferno. Todavia, podemos aliviar o nível dessa experiência infernal esforçando-nos para comungar com aquela parte de nós que ainda está no energético com nosso Criador, nossa Entidade Fonte, nosso Deus.

Comungando com Deus e com nossos verdadeiros eus enquanto estamos encarnados, e vivendo de maneira a não atrair as baixas frequências associadas com o plano físico (karma), podemos, de forma limitada, experimentar aquilo que experimentamos quando estamos no energético—aquilo que podemos chamar de "céu". Portanto, vivendo corretamente e meditando com dedicação, podemos criar o "céu" na Terra. Se não fizermos isso e se vivermos de maneira contrária a esse modo de vida, poderemos e faremos nosso próprio inferno na Terra!

Sendo Felizes e Bondosos

É fácil estar sempre sorrindo quando recordamos nosso conhecimento sobre a realidade maior. Dizer "Bom dia" para as pessoas, responder sempre de maneira positiva, abrir a porta para quem estiver atrás de nós, deixar a outra pessoa estacionar o carro naquela vaga ou ceder o lugar na fila faz parte natural dessa recordação. Por que não haveríamos de ajudar quem precisa atravessar a rua, por que não fazer da bondade e das "boas ações" um hábito?

Essas pequenas coisas elevam nossa frequência e as frequências das pessoas à nossa volta. Fazendo essas pequenas coisas, diminuímos a chance de acumularmos as frequências mais baixas associadas ao karma, não só para nós como para todos os demais. Isto, em si, é uma grande bondade e um serviço maior ainda, pois aumenta a alegria no mundo.

Assumindo Nossas Responsabilidades

Só porque somos buscadores da verdade, conhecemos a realidade maior e comungamos diariamente com Deus, não significa que somos capazes de ignorar nossos papéis e responsabilidades enquanto estamos no físico. Planejamos essas responsabilidades como parte de nossas experiências, nosso aprendizado e nossa evolução. Ignorá-las significa que nossa encarnação não tem sentido e resultará em karma, obrigando-nos a tornar a encarnar para termos as experiências que faziam parte de nosso plano anterior.

Estamos aqui para conhecer a realidade maior, para conhecer Deus e para cumprir nossos deveres terrenos com habilidade e perfeição, evitando assim o karma.

Permitindo que os Outros Tenham Suas Crenças

Não devemos nunca presumir que, como indivíduos espiritualizados e dedicados a conhecer a realidade maior, podemos converter alguém que ainda não está pronto para conhecer a verdade.

Forçar alguém a aceitar outro paradigma é tarefa fadada ao fracasso e pode prejudicar ou até por fim a uma amizade, criando associações energéticas de baixa frequência. Em vez disso, é importante amar a todos pelo que são e meditar por sua libertação.

Quando a pessoa estiver pronta para receber a verdade, nós saberemos.

Escolhendo Nossos Hábitos com Sabedoria

Os hábitos podem ser bons ou maus, mas a natureza do hábito é tal que ele se torna uma "função invisível" e automática que fazemos diariamente. Por isso, ele é ignorado por nossa "consciência física".

A atenção quanto ao que é e o que não é um hábito, portanto, é um prelúdio necessário ao sucesso na procura por nossa autoconsciência e, em última análise, pela evolução. Compreender isso nos ajuda a separar bons hábitos de maus hábitos.

Bons hábitos são aqueles que levam à existência sob uma frequência mais alta e que, no final, são apoiados pelas pessoas boas que nos rodeiam e pensam como nós. Os bons hábitos permitem-nos existir "no" físico sem fazermos parte "do" físico.

Os maus hábitos mantém nossas energias presas às baixas frequências do plano físico; assim, impedem nossas oportunidades de evolução e perpetuam a necessidade da reencarnação.

Cumprindo Compromissos

Cumprir nossos compromissos com alegria em nossos corações é importante. Se tivermos o compromisso de fazer alguma coisa até certo momento e/ou grau, ou com alguém, com alguma coisa ou até conosco mesmos, devemos ir até o fim e entregar aquilo que nos comprometemos a fazer.

Não cumprir nossos compromissos é renunciar à responsabilidade por nossos pensamentos, nossas intenções, nossas ações e nossa evolução. Não cumprir nossos compromissos faz com que aquele compromisso invisível se mantenha nas frequências inferiores, prejudicando assim nossa evolução.

Cuidando e Exercendo o Cuidado

Para atingirmos frequências superiores, é imperativo que sejamos cuidadosos em todas as circunstâncias. Devemos, por exemplo, fazer o seguinte:

- Cuidar do que fazemos;
- Cuidar do que dizemos;
- Cuidar do que comemos;

Como Evitar o Karma

- Cuidar do que bebemos;
- Cuidar do que respiramos;
- Cuidar do modo como nos exercitamos;
- Cuidar do modo como ajudamos;
- Cuidar do modo como nos sentimos;
- Cuidar de nossos relacionamentos;
- Cuidar do que os outros sentem;
- Cuidar de nossa educação física;
- Cuidar de nossa educação espiritual;
- Cuidar de quem amamos;
- Cuidar de quem não amamos e amá-los também!
- Cuidar de nosso lar;
- Cuidar de nossos amigos;
- Cuidar de nosso país;
- Cuidar de nosso planeta;
- Cuidar de nosso universo;
- Cuidar de nosso relacionamento com Deus; e
- Cuidar de TODOS e de TUDO, pois Deus cuida de NÓS!

Mantendo-nos Atentos

Estarmos atentos ao que dizemos e fazemos é imperativo. Devemos fazer o possível para nos assegurarmos de que aquilo que dizemos ou fazemos é construtivo e não destrutivo, criativo e não trivial, positivo e não negativo. Mantermo-nos atentos vai nos ajudar a fazer a diferença.

Vendo a Luz em Tudo

Se virmos a luz em todos, então todos verão a luz em nós. Ao mostrarmos que vemos a luz em todos e em tudo, também ilustramos que vemos o bem em todos e em tudo.

Mostrar que vemos a luz em todos é um passo muito positivo, pois é uma qualidade viciante e que rompe barreiras.

Seguindo os Dez Mandamentos da Entidade Fonte

1. **Não cobiçar a propriedade alheia.** Por que iríamos querer cobiçar a propriedade alheia, especialmente se os recursos com que vivemos não poderiam sustentá-la? Devemos viver da melhor maneira possível com os meios de que dispomos e ficarmos satisfeitos, além de nos lembrarmos de que estamos fazendo o melhor possível com o que temos e que a situação em que nos encontramos vai nos trazer paz. Além disso, é útil lembrar que aquilo que possuímos é apenas transitório, pois esse bem não será mais nosso quando nosso corpo físico perecer.

2. **Não cobiçar o cônjuge alheio.** A razão pela qual estamos com nosso cônjuge atual pode se dever a termos trabalhado juntos antes ou

a termos algum assunto a resolver juntos agora, visando a evolução mútua. Este é um mandamento interessante, pois costuma ser a causa básica de muita energia kármica. Naturalmente, isso se refere ao cônjuge de outra pessoa.

3. **Fazer aos outros o que fazem a você.** Por que sofremos tanto tentando descontar nos outros o que fazem conosco? Esse não é um uso criativo para nossas energias. Devemos tentar nos colocar no lugar deles, compreender seus problemas e oferecer-lhes nossa ajuda e nosso amor sempre que possível—mesmo que não gostemos deles. Ajudá-los será útil para eles, especialmente se a ajuda vem de alguém que eles consideram um inimigo ou adversário. Talvez, se virmos o bem neles, eles façam o mesmo. Se não fizermos isso, criamos frustração e karma quando deveríamos aceitar e seguir em frente com amor no coração.

4. **Ajude aqueles que são menos capacitados do que você.** Esta é uma regra fundamental, pois são aqueles que têm mais oportunidades para nos ajudarmos a evoluir. Acontece que devemos ajudar aqueles que precisam de ajuda quando a oportunidade se apresenta. Devemos nos lembrar de que somos todos do mesmo espírito, da mesma Fonte. Por que sermos egoístas com nossa boa saúde? Compartilhá-la agora com os outros abre a porta para que eles compartilhem a deles conosco quando estivermos com menos capacidade—formando o círculo completo.

5. **Ajude aqueles que são menos afortunados do que você.** Tal como o nº4, isto é fundamental. Enquanto o nº4 está relacionado com os aspectos físicos da condição humana, esta regra está mais próxima da situação em que os outros se encontram. Também aqui somos lembrados de que devemos ajudar os outros quando a oportunidade se apresentar. A ajuda pode ser algo como fazer compras para a pessoa, cuidar do carro dela ou oferecer-lhe uma refeição quando for preciso.

6. **O universo sempre será seu.** Por que nos agarrarmos à posse de coisas físicas quando todo o universo estará à nossa disposição quando

reservarmos algum tempo para perceber e lidar com isso? Como humanidade, preocupamo-nos com a posse da Terra, mas ninguém possui a Terra. Ela é uma entidade com existência própria. Quando percebermos isso, seremos capazes de ir a qualquer lugar, em qualquer momento, e desfrutar do universo e da Terra em sua totalidade; por isso, por que haveríamos de querer nos prendermos a uma pequena seção deles? Possuir terras e outras coisas físicas é reconfortante, mas em termos reais, quando estamos plenamente despertos para a realidade que nos rodeia, não precisamos possuir ou nos ligarmos a nada.

7. **Não adore imagens.** É relativamente fácil seguir este mandamento nesta época, pois temos um nível de compreensão maior do que tínhamos há dois mil anos. Em essência, isto também se aplica a igrejas, pois elas são uma versão maior da imagem esculpida, pintada ou entalhada. Por que venerar o físico quando podemos meditar para obter acesso ao energético/espiritual? No início, os ídolos eram usados para dar ao iniciado (um estudante da verdade, da verdade real!) algo em que focalizar quando estivesse praticando meditação profunda. Desde então, foram tirados completamente do contexto e não são mais necessários na sociedade atual.

8. **Respeite seus pais.** Isto se deve principalmente à necessidade de ajudarmos nossos pais quando seus corpos físicos se deteriorarem a ponto de não conseguirem mais contribuir para a comunidade como faziam antes. Isto tem sido especialmente relevante nestes últimos milênios, quando o conhecimento e o controle das energias do universo se perderam para a maioria dos encarnados. A geração mais velha possui todo o conhecimento do passado para dá-la a nós e a nossos filhos. Sem eles, não valorizaríamos nossas raízes e perderíamos o contato com os nossos fundamentos. Sem fundamentos, a casa do conhecimento é apenas um maço de cartas dispostas na forma de uma casa. Muitas raças encarnadas foram expostas aos elementos sem terem para onde ir como resultado da catástrofe que foi a perda de seus fundamentos básicos.

Como Evitar o Karma

9. **Não conte mentiras sobre as pessoas.** Mais uma vez, este é um problema geral que também serve como oportunidade importante para acumular energia kármica e retardar a evolução, uma vez que somos arrastados para as frequências baixas. Por que deveríamos querer contar mentiras? Se fizemos alguma coisa errada, devemos assumir o erro e aceitar que estamos em posição de experimentar outra coisa no plano físico que será benéfico mais tarde. Inclui-se aqui o péssimo hábito de contar fofocas sobre as pessoas na tentativa de ganhar pontos com outras pessoas próximas. Mais cedo ou mais tarde, isso se volta contra nós mesmos, tomando-nos mais energia kármica do que aquela que foi acumulada. E pior, também "custa" para aqueles de quem falamos mal (a menos que sejam muito evoluídos), pois geralmente as pessoas vão querer "dar o troco", o que invoca energia kármica.

10. **Não furte ou tome nada dos outros.** Por que furtar? Isto não é necessário, pois temos conosco tudo de que precisamos para viver a vida no plano físico segundo o plano que estabelecemos antes. O Senhor provê e nós proveremos, e de fato o fazemos. Tudo é proporcionado para assegurar que nossa "estadia" nas baixas frequências da Terra será mantida numa condição evolutiva ideal. Este é outro modo de acumular muita energia kármica, pois invariavelmente acabamos mentindo para acobertar nosso furto.

Praticando a Paciência

Sermos pacientes com todos, com tudo e especialmente conosco mesmos é uma ótima prática. Adotar uma postura calma e paciente atrai energias e amigos de frequências superiores.

Quando somos pacientes e calmos, damos um ótimo exemplo para os outros sobre como viver no denso e frenético mundo físico, evitando vícios de baixa frequência associados à inquietude.

Não Esperar Recompensas

A expectativa pode ser considerada a função oposta do desejo, especificamente quando esperamos recompensas por sermos úteis e prestativos. Fazer isso também nos amarra aos desejos físicos de baixa frequência, proporcionando-nos certo nível de karma.

Do ponto de vista mais pessoal, devemos evitar as expectativas, principalmente quando "esperamos" certa reação ou ação de um amigo ou colega.

Quando nada esperamos, ganhamos duas coisas:

1. Libertamo-nos do vínculo kármico que a expectativa gera; e
2. A alegria quando amigos ou colegas reagem da maneira correta ou mais desejável em termos espirituais.

Não Antecipando Nada

A antecipação baseia-se na expectativa; portanto, liga-nos a um resultado "desejado". Quando afastamos a expectativa, também removemos a antecipação, pois uma cria a outra.

Quando removemos essas duas condições de nossas mentes, negamos a oportunidade para entrarmos no "circuito fechado" de causas e efeitos contínuos que criam um e outro. Logo, é sábio deixarmos de lado a antecipação e a expectativa.

Aceitando a Providência Divina em Todas as Situações

Quando antecipamos um resultado, pintamos um quadro daquilo que desejamos, identificando esse resultado como positivo ou negativo com base no resultado que esperávamos.

A antecipação de um resultado é uma condição humana que, em última análise, liga-nos ao físico.

Quando somos capazes de estar no "agora", removendo assim o elemento da antecipação, estamos aceitando que a providência divina irá prevalecer, trazendo-nos o melhor resultado para uma situação específica.

Vendo nas Situações Oportunidades de Evolução

A antecipação é um processo mental limitador, baseado em nossa expectativa de um resultado desejado, definindo desejo como uma "condição de foco específico no plano material".

A antecipação resulta de nossa expectativa de um resultado preferido. Neste caso, nosso foco está no resultado e não no amplo processo espiritual que acarreta o resultado. Caso o resultado antecipado não seja aquele que esperávamos, ficamos insatisfeitos e/ou desapontados. Quando nos sentimos assim, é como resultado de nossa "imagem encarnada" menor e não pela observação do resultado segundo a perspectiva espiritual maior. Devemos nos lembrar que, não importa qual seja o resultado, aquilo que é experimentado visa nos ajudar a evoluir.

Portanto, devemos aceitar as situações que se apresentam na vida como oportunidades evolutivas e não como o planejamento de certos resultados "antecipados", desperdiçando tempo com quando e como os resultados podem acontecer e quais serão.

Aceitando a Frustração

A frustração é produto do desejo que se transformou em antecipação e expectativa. Baseia-se em nossa incapacidade de esperar por aquilo que virá com a providência divina no momento correto de nossa existência encarnada.

A frustração também decorre de nossa incapacidade de termos êxito em nossos planos. Quando isso acontece, é o resultado de não nos adaptarmos às oportunidades de aprendizado que são apresentadas para nosso desenvolvimento; em vez disso, escolhemos sobrepor essas experiências com resultados preferidos em lugar dos verdadeiros resultados.

A frustração pode ser evitada se não esperarmos nada, aceitando tudo e vivendo no produto do plano divino.

Tendo Impaciência, a Predecessora da Frustração

A impaciência é a predecessora da frustração e das reações emocionais associadas a ela. É o fruto de estarmos no físico enquanto ainda mantemos a memória energética do trabalho no plano energético. Enquanto estamos no energético, somos capazes de realizar mudanças instantaneamente através da intenção pura, que cria o pensamento e depois a ação baseada nesse pensamento.

Nas frequências baixas do universo físico, isto não é possível, mas nossa lembrança dessa função permanece dentro de nós enquanto estamos encarnados—de onde decorre a nossa frustração quando as "coisas" não acontecem. Neste caso, o antídoto consiste em permanecermos calmos, aguardando pacientemente que os frutos de nosso trabalho se concretizem.

A impaciência começa pelo vínculo com pensamentos de baixa frequência e o desejo da "gratificação instantânea", um produto dos "tempos modernos" graças ao qual simplesmente "não podemos esperar" que isto ou aquilo aconteça. Isso reduz nossas frequências e inibe pensamentos de frequência mais elevada, a calma e a alegria de esperar pela manifestação e concretização. Privamo-nos de imaginar, encantados, os processos em ação por trás dos bastidores até que se finalize aquilo que se manifesta pela intenção, pensamento e ação.

Sentindo-nos Insatisfeitos e Impacientes

Não devemos ser impacientes; devemos tomar cuidado com a impaciência. É uma função do desejo de antecipação e se baseia na expectativa de algo que pode ou não acontecer.

A impaciência é gerada quando estamos insatisfeitos com aquilo que temos, somos ou esperamos ser, ou, do ponto de vista temporal, esperávamos ser ou ter anteriormente.

Como o tempo não existe no plano energético, a impaciência é, portanto, fútil. Devemos confiar que tudo acontece quando deve acontecer para termos o nível correto de conteúdo experiencial e de aprendizado que nos permitirá evoluir de forma impecável.

Vendo o Contentamento como Uma Faca de Dois Gumes

Quando estamos contentes, estamos prontos para trabalhar no plano físico, pois apesar de nossa presença "no" físico, não somos "do" físico. Não somos atraídos pelas baixas frequências do materialismo, que criam um vínculo kármico com o físico e impedem nossa ascensão pessoal através das frequências. Podemos ir acima dessas frequências mais baixas, subindo e subindo rumo à comunhão constante com nosso Criador.

Entretanto, se estamos satisfeitos com o nosso progresso espiritual e felizes onde estamos, fazendo o que estamos fazendo e experimentando a comunhão com o espírito, nunca iremos avançar além daquilo que, na verdade, é apenas o espírito localizado. Não vamos atingir as estonteantes altitudes necessárias para assegurarmos a comunhão constante com nosso Criador.

Oferecendo Amor Incondicional

Oferecer o amor—ou seja, o amor incondicional—é a coisa mais maravilhosa que podemos proporcionar uns aos outros. Mas não devemos reservá-lo apenas para aqueles que conhecemos, amamos, respeitamos, reverenciamos e em que confiamos. Também devemos estender esse amor a aqueles que "inicialmente" não conhecemos, que tememos, odiamos, desprezamos, de quem não gostamos ou dos quais desconfiamos, pois somos todos parte da Entidade Fonte. Portanto, eles são parte de nós. Reconhecer este fato e compreendê-lo na prática é um passo importante que podemos dar na estrada que leva à existência sob frequências elevadas.

Compartilhando a Bondade

Quando somos bondosos ou oferecemos a bondade a qualquer pessoa, quaisquer que sejam as circunstâncias, damos um passo em nosso caminho rumo à existência sob frequências elevadas, por ser bondoso é o prelúdio do amor incondicional por um e por todos.

Perpetuando o Karma

O universo não funciona na base do karma. Como humanidade, nós o criamos graças à atração pelas baixas frequências associadas com o plano físico. Por que devemos perpetuar aquilo que não existe naturalmente?

Evitando a Mentalidade Competitiva

Devemos evitar entrar em competição com os outros em todos os níveis, inclusive espirituais. A competição acontece quando somos provocados a tentar ser como outra pessoa—alguém que parece ter habilidades ou capacidades espirituais que achamos que não temos ou que desejamos ter. Vemos esta pessoa como alguém melhor do que nós e nos esforçamos para sermos melhores do que ela.

Em circunstâncias como essas, esquecemo-nos de que somos seres individuais, seguindo nossos próprios caminhos. Portanto, devemos nos concentrar naquilo que estamos fazendo em nosso próprio caminho e não em tentarmos ser iguais ou melhores do que aqueles que estão ao nosso redor. Tudo que temos a fazer é sermos nós mesmos e evoluirmos com nosso próprio trabalho, em nossa própria perfeição e segundo nosso próprio ritmo.

Sendo Complacentes com a Complacência

A complacência está sentada à direita do karma. Ela nos aguarda quando sentimos que tratamos de todas as questões espirituais nas quais tínhamos de trabalhar e agora não precisamos fazer mais nada.

Quando estamos convencidos de que nosso trabalho acabou, na verdade estamos apenas começando, pois a tarefa de trabalhar rumo a Deus e à perfeição é coisa para a vida toda, exigindo constante diligência, introspecção e recalibração da realização espiritual.

Aceitando Tudo

Resistir ao que acontece na vida e que consideramos abaixo do ideal é resistir a aprender com as oportunidades que nos são apresentadas como lições sobre como nos dissociarmos de certos eventos—os eventos nascidos da fisicalidade.

A aceitação neutraliza a resistência e inibe a necessidade de tornarmos a experimentar aquilo que foi experimentado mas resistido. Quando neutralizamos a resistência, a aceitação pode remover a oportunidade de surgirem as influências kármicas introduzidas pela resistência.

Aprendendo pela Observação

Quando observamos aqueles à nossa volta que não estão a par da realidade maior, geralmente percebemos que trabalham em seu próprio benefício e não pelo bem de todos e de seu Criador.

Mesmo que não sejamos capazes de mudá-los, eles nos "brindam" com o lembrete constante daquilo em que poderíamos nos transformar caso nos permitíssemos voltar a acreditar que a existência física é a única realidade.

Tendo isto em mente, vamos continuar a nos esforçarmos para sermos úteis, meditando sobre nosso Criador e experimentando a realidade maior.

Comparando-nos com os Outros

Devemos evitar compararmo-nos com os outros. Quando trilhamos o caminho da comparação com nossos amigos, parentes, vizinhos e colegas, corremos o risco de ficarmos insatisfeitos conosco mesmos e com nossos bens terrenos "transitórios".

A insatisfação é um vínculo ardiloso com a existência física e exige que sejamos vigilantes.

Vivendo como Guardiões Transitórios

É imperativo que nos lembremos de que somos apenas guardiões daquilo que temos à nossa volta enquanto estamos no plano físico. Na verdade, nunca possuímos nada. Em vez disso, recebemos apenas a oportunidade de manter, trabalhar e conviver com aquilo que adquirimos no período de vida em que estamos encarnados.

Desconectando o Eu Físico do Eu Energético

A dor física é o lembrete constante de que estamos em um veículo físico limitado pelos processos mentais de nossa natureza encarnada.

"Limitado" e "mental" são as palavras importantes aqui, pois quando não estamos "limitados" pelas "restrições mentais" de nossa existência física e somos capazes de trabalhar com a realidade maior de estarmos "no" plano físico mas não sermos "do" plano físico, percebemos que a forma física é uma condição transitória. Assim, ela é usada em momentos transitórios de experiência enquanto estamos nas frequências baixas associadas ao universo físico.

Quando percebemos de fato esta verdade na essência de nosso ser, somos capazes de desconectar nossos eus físicos de nossos eus energéticos, removendo com isto nosso vínculo mental com as frequências inferiores. Desta forma, desconectando nossos eus energéticos da função da dor no veículo físico que habitamos, podemos viver uma existência física livres da dor, ao mesmo tempo que impedimos o vínculo kármico.

Tal domínio do plano físico exige um pensamento dedicado, contínuo, inabalável, focado, robusto e baseado na intenção durante as 24 horas do dia, 7 dias por semana.

Vigiando as Sensações que Viciam

A dor física é um lembrete constante de que estamos num veículo físico. Do mesmo modo, as sensações sexuais e outros vícios corporais também nos lembram que estamos limitados pelos processos mentais e experienciais do veículo no qual estamos encarnados.

É claro que algumas das sensações que temos enquanto estamos encarnados são deliciosas. Algumas, como as sensações sexuais, podem ser viciantes. Outras, como tato, olfato, gosto e visão são sensações limitadas ao fato de estarmos encarnados. No plano energético, ficamos acima dessas sensações e, por isso, não somos afetados por suas possíveis qualidades viciantes. Devido à nossa necessidade de encarnar para auxiliar nosso compromisso evolutivo, posteriormente experimentamos múltiplas sensações diariamente, algumas das quais vinculadas às baixas frequências do plano físico. Devemos estar atentos às sensações, pois elas podem ser insidiosas em suas qualidades viciantes.

Usando o Desejo com Cuidado

É importante nos mantermos atentos aos nossos desejos, pois eles são um caminho para as baixas frequências. Se nossos desejos se relacionam com coisas do plano físico, vão nos prender ao físico. Se nosso desejo for comungar com nosso Criador, nossa Entidade Fonte—Deus, então nosso desejo será uma rota até as frequências superiores, trazendo-nos karma positivo.

Mantendo-nos em Dívida

Em nossa forma terrena encarnada, temos de evitar manter dívidas para com tudo e com todos, sejam financeiras, materiais ou de qualquer outra forma. A dívida é um fator de controle que nos mantém sob o controle do credor. Dívidas de qualquer espécie nos ligam ao físico. Ligam-nos ao compromisso de pagar a dívida com juros, aumentando a dívida e criando pensamentos de baixa frequência, como mágoa e raiva, dirigidos ao credor.

Devemos ter e reconhecer apenas uma dívida, aquela que todos nós concordamos em experimentar durante nossa encarnação. Concordamos em experimentar, aprender, evoluir e compartilhar este conteúdo evolutivo, esta dívida da criação, com nosso Criador, mantendo conosco este conteúdo evolutivo. Esta não é uma dívida física, que nos liga às frequências baixas do plano físico; é uma dívida de prazer, de alegria, de deleite, de amor e de desejo de ajudar nosso Criador a evoluir graças a nossos esforços individuais.

Neste caso, a melhor maneira de avançarmos não será nos protegendo das baixas energias associadas a esses pensamentos, mas sim aceitando que nos colocamos nessa posição. Portanto, podemos elevar nossas frequências quando identificamos a oportunidade de crescimento pessoal dessas situações. Então, trabalhamos alegremente diante da perspectiva de retribuir, com juros, aquilo que é devido como forma de agradecer o credor por ter nos ajudado quando foi preciso. Fazemos isso sem nos ressentirmos de estar nessa situação ou pelo fato do credor cobrar juros—e, com isso, rompemos um vínculo kármico.

Sentindo-nos Traídos

Traição é a emoção que sentimos quando nossas expectativas de recompensa e reconhecimento não se manifestam. Na verdade, a traição é mais profunda ainda quando trabalhamos para alguém e os frutos de nosso esforço e o reconhecimento que buscamos ou esperamos é reclamado por outra pessoa. A traição pode causar ressentimento, especialmente se não a identificamos e neutralizamos buscando conselhos superiores ou acessando conhecimentos superiores sobre a necessidade e exigência do traidor para cometer o ato da traição.

Quando somos traídos de alguma maneira, devemos usar essa oportunidade para obter conteúdo evolutivo. Para nós, é importante assumir a posição do "eu observador" e analisar as razões para a necessidade do traidor nos enganar. Temos a oportunidade de nos apiedarmos realmente desse indivíduo, dando livremente aquilo que foi obtido sem ser pedido. Quando fazemos isso, redirecionamos as energias da traição para as energias da prestação de serviço—um serviço prestado ao traidor. Assim, podemos amar esta pessoa e perdoá-la total e instantaneamente, pois esse indivíduo nos deu a oportunidade de tomar a função da traição e usá-la para aumentar nossas frequências pessoais, identificando nisso uma chance de ampliar nossa experiência de crescimento e podermos aprender e evoluir, em vez de projetar raiva, ódio e/ou ressentimento sobre o traidor.

Aceitando em Vez de nos Magoarmos

A mágoa, uma reação de frequência particularmente baixa, é uma função da traição, da expectativa, da comparação pessoal e da não-aceitação. Embora seja uma função secundária, causada por outras reações de baixa frequência, como indicado, ela mascara as razões primárias para sua existência e, por isso, disfarça sua própria existência. Quando ficamos presos à espiral descendente da mágoa, colocamo-nos nas categorias de processos mentais individuais "pobre de mim" e "por que eles".

Como Evitar o Karma

O antídoto contra a mágoa é a aceitação total daquilo que fez com que a função primária viesse a existir. Conseguimos fazer isso usando a função do "eu observador" desapegado, que nos permite identificar os processos e eventos que nos levaram a estar nessa condição mental. Depois disso, devemos nos perdoar por escolher tal caminho e perdoar, aceitar e amar aqueles cujas posições pessoais observamos e consideramos melhores do que as nossas. Mesmo que pareçam receber alguma coisa a troco de nada ou que estão sempre no lugar certo, na hora certa, precisamos reconhecer que foi isso que aceitaram experimentar enquanto estivessem nas baixas frequências do universo físico, e isso vai lhes permitir experimentar, aprender e evoluir como todos os outros seres encarnados: à sua própria maneira.

Recusando-nos a Ignorar um Pedido de Ajuda

Já reparou que às vezes ignoramos um colega encarnado que precisa de ajuda? Fazemos isso em milhares de situações enquanto passamos rapidamente pela pessoa necessitada, a menos que nos envolvamos com ela, como um mendigo na rua, alguém num acidente de trânsito ou uma pessoa numa situação abusiva. Depois disso, sentimo-nos pouco à vontade. É a sensação da energia que nos foi enviada pela pessoa "necessitada" solicitando nossa ajuda e sendo ignorada. Isto causa desarmonia. Se você tiver a sensação de que DEVE ajudar a pessoa, então você PRECISA ajudar.

O desconforto sentido quando ignoramos o pedido de ajuda também é uma indicação de que existe a necessidade de ajudar, baseada num compromisso pré-encarnatório entre a pessoa necessitada e nós para trabalharmos juntos. Perceba como o pensamento "eu deveria ter ajudado—mas não ajudei" permanece por um bom tempo. Esta é nossa oportunidade para darmos a volta e sermos a ajuda que foi solicitada.

Também é bom lembrar que esta pode ser uma oportunidade para limpar o karma. Ignorar essa sensação pode criar mais karma ou reforçar o vínculo kármico existente. Por que correr o risco quando podemos ajudar a pessoa e voltar para casa com uma canção no coração?

Sintonizando-nos com os Outros

Quando nós nos "sintonizamos" com a realidade maior das pessoas que precisam de ajuda, obtemos um nível de compreensão maior e, em última análise, confirmamos a necessidade de nossa ajuda ou não, conforme o caso.

Se nos "sintonizamos" e sentimos que não será necessário sermos seus libertadores—e que isso não significa que estejamos nos "esquivando" da ajuda—então podemos seguir em frente, pois não há vínculo kármico entre nós. Entretanto, devemos ter certeza de que a "sintonia" leva em conta a possibilidade de criar karma—mesmo que o vínculo kármico não tenha ficado aparente no início.

Só porque não existe vínculo entre nós e a outra pessoa, isso não significa que não possa ser criado um vínculo pelo fato de termos negligenciado a oportunidade de ajuda.

Como Evitar o Karma

Aqueles que pedem ajuda mas não precisam dela correm o risco de criar seu próprio karma—e disto decorre a necessidade de nos "sintonizarmos" antes. Neste caso, quando declinamos elegantemente a ajuda aos indivíduos, nós os estamos ajudando a garantir que não irão acumular karma vinculado a nós através de falsos pedidos. Assim, neste caso, prestaremos um grande serviço a eles.

Vivendo Um Dia de Cada Vez

E se começássemos cada dia como se fosse um novo dia, como se fosse nosso primeiro dia na Terra? Não teríamos problemas, não teríamos inimigos, não teríamos preocupações e não teríamos problemas.

E se considerássemos que as coisas que precisamos fazer são algo alegre, que são desafios para nosso deleite, que as pessoas com quem nos encontramos também são uma alegria, pois é a primeira vez que as vemos e a primeira vez que elas nos veem? Poderíamos lhes perguntar o que podemos fazer por elas sem a necessidade de uma retribuição.

E se considerássemos que é uma alegria morar na região onde existimos, que ela é uma oportunidade para melhorias, uma oportunidade para a positividade, e que poderíamos estar no agora e trabalhar no agora?

Neste estado de espírito, não temos preconceitos, preconcepções, medos, ações inevitáveis e impossíveis de se realizar—apenas a alegria de estarmos lá, de podermos participar e sermos úteis. Estamos em paz.

Respeitando a Nós Mesmos e ao Meio Ambiente

Quando respeitamos nosso ambiente, a terra, as árvores, o mar e os animais, respeitamos a nós mesmos.

Viver com respeito garante-nos que vivemos numa frequência mais elevada do que aquela em que encarnamos.

Quando percebemos que somos todos um com nossos colegas encarnados e com nosso Criador, nossa Entidade Fonte, nosso Deus, devemos perceber também que somos um só com o resto das criações de nossa Fonte. Isso inclui o multiverso, o universo físico, as galáxias e planetas, as nebulosas e estrelas, a Terra e sua flora e fauna. Percebendo isto, naturalmente vamos respeitar tudo de acordo com o modo como nos tratamos—com respeito, com bondade, com amor, com sabedoria e com unidade.

Como Evitar o Karma

Sendo Bons Exemplos Espirituais

Quando ignoramos as necessidades de nossos irmãos ou filhos em termos de oferecer amor, atenção e sabedoria, é como se estivéssemos "nos" ignorando. Além disso, no que se refere a proporcionar educação espiritual quando nossos filhos ou irmãos mais novos estão numa idade mais impressionável, se os ignorarmos será como "negar-lhes" ativamente a oportunidade de receberem a chance de melhorar no começo de sua encarnação. Com isso, talvez se dediquem a "hábitos" no mundo material que resultarão no acúmulo de existências sob frequências inferiores.

Não devemos forçar esses ensinamentos e sim ensinar pelo exemplo. Uma criança rodeada por indivíduos com "bons" hábitos espirituais vai acumular naturalmente esses hábitos, permitindo-lhes sobreviver à exposição a maus hábitos, mantendo os bons hábitos. No entanto, de modo geral, a criança rodeada por indivíduos com maus hábitos não será afetada pela exposição a bons hábitos em virtude do efeito intoxicante desses maus hábitos de baixa frequência.

Quando ignoramos as oportunidades de demonstrar a uma criança como viver e existir segundo frequências elevadas num mundo material, negamos-lhe a tão necessária educação espiritual. Esta é uma faca de dois gumes. Se as expomos efetivamente a frequências baixas e intoxicantes ou ao karma decorrente do endosso aos maus hábitos, ou não corrigimos os delas, também nos expomos a processos mentais de baixa frequência porque não as amamos ou cuidamos suficientemente delas. Em última análise, também criamos karma para nós mesmos.

Sendo Fiéis a Nós Mesmos

Não devemos evitar sermos fiéis a nós mesmos, especialmente quando estamos sob pressão externa para mudar.

Quando somos forçados a ser o que não somos para nos encaixarmos no paradigma alheio, estamos atendendo aos requisitos do outro e não ao nosso. Servir aos próprios requisitos é tão importante quanto servir aos requisitos dos outros, mas não se for em nosso prejuízo.

Devemos tentar nos mantermos fiéis às nossas próprias crenças, ética, planos e personalidade, mesmo quando os outros tentam nos transformar naquilo que não somos. Isso vai garantir que iremos trabalhar com eles no nível mais alto. Quando trabalhamos no nível da verdade e da integridade, impedimos nossa exposição e participação em atividades de baixa frequência, sem deixarmos de ser prestativos.

Eliminando a Insegurança Pessoal

É importante lembrar que a insegurança é um aspecto kármico, e é mais importante ainda removê-la de nosso vocabulário experiencial.

A dúvida é função de nossa permanência numa existência sob frequências baixas, no plano físico e tendo pensamentos limitadores.

Estes pensamentos limitadores são programados em nós quando encarnamos, garantindo que trabalharemos dentro de certos parâmetros e regras que nos negam nossa herança e nossa lembrança de que somos um aspecto encarnado do divino.

Como aspectos encarnados do divino, neste sentido somos ilimitados, e, quando reconhecemos este fato, a insegurança se dissolve e não é mais conhecida.

Pensando de Forma Limitada

Pensamentos limitadores são uma função da insegurança, da baixa autoestima e de uma existência "frustrada" sob a baixa frequência. A frustração é uma função do conhecimento subjacente de que podemos e devemos ser capazes de existir num nível mais elevado. As limitações de nossos pensamentos podem ser o produto de nossa incapacidade de pensar num nível acima daquele que estamos experimentando atualmente. Também podem ser o resultado de nossa imersão nos pensamentos de baixa frequência que envolvem pessoas que vivem sob as frequências inferiores e para as quais gravitamos "naturalmente" para criar uma sensação de unidade ou de união.

Em lugar disso, é essencial nos cercarmos de pessoas que estão sempre ampliando os limites de suas experiências graças a pensamentos ilimitados e espiritualmente conscientes. Fazer isso vai nos levar a criar pensamentos mais elevados e de conteúdo ilimitado, elevando nossas frequências.

Atraindo Baixas Frequências Pela Inveja

A inveja é um método praticamente invisível para atrair frequências inferiores, pois atua de várias maneiras:

Primeiro, podemos ter inveja daquilo que o outro "possui". Quando desejamos algum bem dos outros, criamos uma associação com o físico.

Segundo, podemos ter inveja daquilo que alguém "conquistou" pessoalmente nesta existência física. Quando fazemos isso, criamos um vínculo indireto com as frequências inferiores desejando ser o que alguém "é".

Terceiro, esses dois métodos para atrair frequências inferiores com base na inveja são ampliados pela inevitável competição autogerada com aqueles que possuem aquilo que desejamos.

Mantendo um Corpo Físico Saudável

É imperativo cuidarmos de nossos corpos físicos. Devemos mantê-los bem exercitados, bem nutridos, bem hidratados e bem descansados— mental e fisicamente.

Como Evitar o Karma

Embora atribuamos normalmente as atrações pelas baixas frequências do plano físico às ações resultantes de processos mentais problemáticos, que causam os vícios e hábitos que nos prendem a essas baixas frequências, um veículo físico mal mantido pode servir de atração com a mesma eficácia. Isto se deve ao foco mental que temos sobre dores, desconfortos, cansaço, lentidão e falta de energia decorrentes do excesso de peso e da falta de preparo físico. Em última análise, isso resulta em letargia mental e física e na sensação de "desistência", pois é MUITO DIFÍCIL MUDAR!

Uma coisa chama a outra, e, se estamos sob o apelo das baixas frequências do físico, vamos atrair energias similares e pessoas associadas a elas.

Por isso, devemos cuidar de nossos corpos, mantendo-nos brilhantes e saudáveis como resultado—criando assim processos mentais positivos e de "alta frequência".

Quando atraímos pensamentos positivos e temos reações de frequência elevada, vamos atrair indivíduos com pensamentos similares. Além disso, ao elevarmos nossas frequências, cortamos quaisquer apegos à funcionalidade das frequências inferiores, evitando o karma.

Dando o Exemplo de Como "Viver Bem"

Quando pomos em prática a teoria do bem viver, evitamos o karma negativo. Assim, podemos desfrutar a realidade de viver dessa maneira, pois estamos rompendo o ciclo kármico.

Examinando a Unidade

Como somos todos um, lembramo-nos dessa unidade quando nos associamos a indivíduos de mentalidade similar com quem trabalhamos em "metaconcerto" por uma causa focada no bem de todos. Um exemplo disso é a meditação em grupo que se concentra em enviar amor, luz e lembrança a tudo que existe, em oposição às meditações em grupo que se concentram na possibilidade de ganhos individuais.

Atinge-se a falsa unidade pela associação de indivíduos com a mesma mentalidade que trabalham juntos para fazer parte da multidão e não serem deixados de lado. Isto é a unidade em benefício próprio, uma função de se estar no plano físico.

Estando em Dívida com os Outros

Outra maneira de evitar o karma é evitar estar "em dívida" com alguém, de qualquer maneira, forma ou formato exceto por algum "serviço". Pode ser financeiro, um favor, assistência ou orientação.

Quando estamos "em dívida" com alguém que nos ajuda "prestando um serviço", esse indivíduo ou "ajudante" passa a ter controle sobre nós, recebedores dessa ajuda. Assim, essa pessoa pode nos manter em "cativeiro" até retribuirmos com certo nível de ajuda, geralmente "desconhecido".

A ajuda mais difícil de se retribuir além daquela prestada como "serviço" é o "favor" ou a "assistência" que nos traz ou proporciona benefícios significativos como recebedores. Isso pode nos levar a estar "em dívida" com aquele indivíduo pelo resto de nossa existência encarnada, na qual iremos receber diversos lembretes do nível da ajuda que nos foi dada no passado. Deste modo, somos mantidos sob controle, sentindo-nos péssimos.

Portanto, a única maneira de oferecer ajuda é na "prestação de um serviço", recebendo ajuda apenas quando o ajudante faz isso sob o pretexto de nos prestar um serviço. Isto garante que não estaremos "em dívida" com o ajudante e nem o ajudante será nosso "credor". Ambos estarão livres para existir sem a necessidade de "retribuir".

Criando Karma Autogerado

O ego é o nosso método "embarcado" de criar karma autogerado. Temos de tomar cuidado com o ego e evitar suas maneiras de criar karma enquanto estamos trabalhando no ambiente físico. Isto inclui lidar com aqueles que também estão encarnados.

Nossos egos foram criados durante o processo de encarnação, sendo uma condição transitória que se dissolve quando esta encarnação termina. Assim, o ego faz o que pode para perpetuar sua própria existência, ignorando o fato de que, no final das contas, ele não poderá impedir seu desaparecimento inevitável. Contudo, em sua ignorância, ele se perpetua, atraindo-nos para uma falsa sensação de inocência que nos faz negar sua existência, levando-nos para pensamentos, ações e hábitos materialistas que fazem com que nos "sintamos bem" conosco mesmos por meio de falsidades. Precisamos nos manter vigilantes, percebendo as condições em que nos "sentimos bem" para não sermos enganados pelo ego.

Algumas dessas condições são posição, status, aparência, bens, influência e credibilidade junto aos demais. É claro que geramos algumas dessas coisas "vivendo bem", além de nos mantermos atentos ao karma; mas isso só pode acontecer se essas condições forem geradas fora da influência do ego e recebidas com humildade.

Tendo Medo

Sem dúvida, o medo é uma emoção de baixa frequência. Podemos sentir medo de alguma coisa sem sequer perceber que é medo ou uma emoção de baixa frequência por si só. Volta e meia, enquanto estamos encarnados, nós nos concentramos naquilo que está associado com nossa existência encarnada em vez de nos lembrarmos de que somos entidades energéticas de frequência muito elevada, momentaneamente encarnadas em formas físicas para fins evolutivos.

Quando somos absorvidos pelo medo, normalmente somos atraídos para frequências inferiores. Assim, nosso progresso evolutivo é interrompido até percebermos e cortarmos nosso vínculo com o medo e sua energia de baixa frequência. Só podemos fazer isso através de meditações dedicadas a atingir a comunhão plena e direta com nosso Criador. Isto vai nos levar ao reconhecimento de nossa divindade, da unidade com nosso Criador e, depois, com a infinita longevidade ou imortalidade como unidade individualizada de nosso Deus Criador.

Gerando Karma Devido ao Tédio

Segundo a perspectiva evolutiva, quando criamos karma autogerado, é como se estivéssemos dando um tiro no pé. O karma autogerado, em essência, envolve tudo que está identificado neste guia. Grande parte de nossa dívida kármica deve-se a termos sido "atraídos" para diversas situações por outras pessoas, como mexericos, acusações, crimes etc.; no entanto, também podemos criar karma enquanto estamos totalmente isolados, quer localmente, quer em termos de interações com outras pessoas.

O karma autogerado, portanto, é criado pela atração e pela intoxicação de pensamentos, atividades e hábitos de baixa frequência. Ele acontece quando nos encontramos entediados e é criado pela necessidade egóica de manter o controle do suposto "eu consciente". Neste caso, o antídoto consiste em usarmos o tempo disponível (o tempo livre que resulta em tédio) para meditarmos em "apenas ser" ou no contato com nosso Deus Criador, usando o tempo livre de maneira bastante produtiva.

Evitando a Coerção

A coerção é gerada quando persuadimos os outros a fazerem nossas tarefas em vez de fazê-las pessoalmente. É uma prática que devemos evitar a todo custo se não quisermos incorrer em karma. Enquanto a persuasão se baseia na apresentação de evidências convincentes para estimular as pessoas a mudarem a direção de seus processos mentais, a coerção é insidiosa, pois entra em cena para apoiar as demandas de quem a usa por meios torpes, como ameaças à empresa, à posição social, à família e/ou à própria pessoa, ou então se baseia em favores.

Para evitar o karma resultante do uso da coerção, devemos seguir os métodos que usamos quando precisamos negociar alguma coisa.

Como Evitar o Karma

Devemos nos certificar de usar apenas pensamentos puros e evidências reais no processo de negociação e não a persuasão ou coerção baseadas em nossa personalidade e/ou posição.

Se alguém pede um favor ou vemos que alguém precisa dele, devemos fazê-lo desinteressadamente por sermos prestativos e não como meio de coerção.

Culpando os Outros

Se culpamos os outros como forma de disfarçar nossos defeitos, estamos repudiando nossas ações e os resultados dessas ações. Além disso, se aceitarmos os elogios pelo sucesso em conjunto com a atribuição de culpa aos outros, sejam eles responsáveis ou não, tiraremos vantagem deles de forma evidente e especulativa. Logo, se selecionarmos os resultados supostamente desejados e descartarmos os resultados indesejados, atribuindo os resultados indesejados a aqueles que talvez não possam se defender, agiremos de maneira muito irresponsável. Fazendo-o, perdemos a oportunidade de aprender com essa experiência e de evoluir.

Atribuir culpa aos outros é uma faca de dois gumes, pois não só aumenta o karma como nega a oportunidade de progressão evolutiva.

Usando os Outros em Proveito Próprio

Usar os outros em proveito próprio, uma forma de coerção, é um modo particularmente eficiente de acumularmos karma. Pode ser viciante, especificamente se tivermos sucesso no uso de uma pessoa específica, obtendo com facilidade aquilo que desejamos. Usando os outros para ganho pessoal, o comportamento de baixa frequência é perpetuado e aumentado à medida que se obtém mais sucesso. De fato, quando um indivíduo ganha confiança no uso dos demais em proveito próprio, o uso dos outros aumenta também. Infelizmente, aumenta também a atração pelo comportamento de baixa frequência. Além disso, como o nível de confiança decorrente do sucesso esperado e a habilidade coercitiva melhoram, é maior a tentação de "usar" os outros, a ponto disto se tornar um comportamento normal para esse indivíduo.

O antídoto para isso é maravilhosamente simples. Ele é aplicado quando fazemos pessoalmente aquilo que usaríamos os outros para fazer. Assim, obtemos o resultado através de "nosso próprio esforço pessoal" e podemos justificar o prazer, a satisfação e os elogios que nos forem dados, pois não os teremos recebido graças ao trabalho alheio.

Como Evitar o Karma

Cometendo Crimes

Qualquer tipo de crime cria karma. Se sabemos o que é certo e o que é errado segundo a lei e escolhemos fazer o que é errado, criamos karma.

Embora seja aceito em muitos círculos espiritualistas que não existe certo ou errado, positivo ou negativo, e que só existe experiência, será muito sábio o encarnado que entender que existem certos caminhos que devemos seguir a fim de maximizar as oportunidades evolutivas enquanto estamos sob as frequências inferiores do universo, o plano terrestre. Como entidades encarnadas, devemos perceber que existe a necessidade de reduzir o número de encarnações necessárias para que possamos superar a necessidade de evoluir com base na encarnação.

Neste caso, cometer um crime não só é um modo eficaz de criar karma, como também é um modo eficaz de reduzir e até interromper nosso crescimento evolutivo. Interromper (ou reduzir) nossas oportunidades de crescimento evolutivo, portanto, constitui um crime por si só—que perpetua o karma.

Como Evitar o Karma

Causando Danos Físicos

Causar danos físicos consciente e deliberadamente ao veículo "humano" encarnado é profanar o próprio templo em que residimos— mesmo que nossa residência seja temporária.

Causar danos físicos consciente e deliberadamente ao veículo "humano" encarnado de outra pessoa não é o comportamento de um indivíduo evoluído, invocando imenso karma e apego às baixas frequências, especialmente quando o ato de "causar dano" traz prazer.

É claro que podem acontecer acidentes quando temos experiências enquanto encarnados, e isso é aceitável. É aceitável porque faz parte do "conteúdo experiencial", o aspecto de aprendizado e evolutivo da experiência que decorre de danos acidentais a nosso veículo físico, pois, em última análise, isto faz parte de nosso plano de vida.

No entanto, danificar propositalmente o veículo encarnado de alguma forma para perpetuar sua existência em geral, como no caso de amputações, cirurgias etc. é aceitável. É que as razões para tais ações são compreendidas e reconhecidas como parte do plano.

Em todos esses casos, o antídoto consiste em respeitar, manter e nutrir o veículo humano e reconhecer seu verdadeiro valor, importância e longevidade. Deste modo, também respeitamos os "veículos" dos outros enquanto reconhecemos também a necessidade de crescimento evolutivo dos espíritos encarnados.

Prejudicando o Corpo de Um Animal

Tal como ocorre com o veículo humano encarnado, causar danos físicos consciente e deliberadamente a um veículo "animal" encarnado não é o comportamento de um indivíduo "encarnado" evoluído, invocando imenso karma e apego às baixas frequências. Isto se aplica particularmente quando o ato de causar dano traz prazer.

Deveríamos reconhecer que os espíritos que encarnam como animais são presentes muito especiais que recebemos neste nível de frequência, pois nos proporcionam amor incondicional e companhia, coisas muito necessárias.

Embora não sejam a mesma coisa que aqueles que encarnam em veículos humanos, em termos energéticos, os espíritos animais também fazem parte da escala evolutiva e, neste sentido, reagem positivamente ao amor, aos cuidados e à felicidade humana. Também são unidades individualizadas de nossa Entidade Fonte, Deus.

Em muitos casos, os espíritos dos animais assumem fardos pesados por nós cm nossa luta diária pela sobrevivência no universo físico, sendo inclusive componentes essenciais da ecosfera. Portanto, o veículo animal encarnado deve ser respeitado e mantido, assim como cuidamos de nossos próprios veículos humanos encarnados.

Invocamos o antídoto para acumular energias de baixa frequência quando reconhecemos a verdadeira natureza dos animais como sendo "um só com Deus" e, portanto, criados em igualdade com nossos eus energéticos. Em essência, porém, eles possuem um grau de pureza superior quando estão encarnados, pois estão plenamente conscientes do fato de que, na maioria dos casos, dependem da boa vontade da humanidade encarnada para seu progresso evolutivo. Este nível de pureza é algo a que a humanidade encarnada deveria aspirar.

Prejudicando a Flora

Causar danos físicos consciente e deliberadamente a uma árvore, planta ou vegetal é um ato de violência contra um aspecto de nosso ambiente físico, a natureza, e portanto a nosso Criador, a Entidade Fonte. Cometer violência contra a flora, portanto, cria um karma relacionado com a flora.

Embora seja visto pela humanidade encarnada como forma de vida inferior, o reino da flora é extremamente importante, tanto do ponto de vista físico denso quanto energético, para a perpetuação do ambiente que sustenta a forma humana física.

É claro que temos autoridade para usar a natureza para nos alimentarmos, vestirmos e abrigarmos, e isto é aceito como algo essencial para nosso bem-estar. Mas incorremos em karma relacionado com a flora quando abusamos desta autoridade por cobiça, pessoal ou empresarial, ou por desejos mal intencionados, e destruímos ou deixamos de manter esses aspectos da natureza que estão disponíveis para ajudar-nos a perpetuar nossos veículos encarnados.

Como Evitar o Karma

É tão importante evitar o karma relacionado com a flora quanto o karma acumulado naturalmente, pois ambos são funções de ações de baixa frequência.

O antídoto, neste caso, é "nos alegrarmos" com a flora que nos rodeia. Devemos tratá-la, cuidar de suas necessidades e mantê-la, percebendo como podemos maximizar o potencial de evolução da natureza, pois esta pode evoluir, e evolui, quando vivemos em harmonia com ela.

Desperdiçando Recursos Naturais

Os minerais que usamos para criar metais, cerâmicas, combustíveis e outros materiais são um presente que a Terra nos dá. A Terra, em sua senciência, sabe que nossos veículos "humanos" encarnados são as ferramentas que usamos para acelerar nossa evolução, e, como tal, apoia aquilo que fazemos com seus minerais, desde que os usemos para uma existência de frequência elevada, que resulta no aumento do conteúdo evolutivo.

Quando abusamos deste presente, valendo-nos de técnicas impróprias de mineração, extração e refinamento com vistas a ganhos pessoais ou empresariais, a Terra sofre e ganhamos karma de "base terrena".

A extração mineral inadequada causa um desequilíbrio na ecosfera que afeta a estabilidade da crosta terrestre e de suas propriedades magnéticas, sua atmosfera e sistemas climáticos. Isto gera mais desequilíbrio e, em última análise, afeta negativamente a capacidade da humanidade encarnada para lidar com a Terra e atrair conteúdo evolutivo.

Quando percebemos que a Terra é nossa benfeitora e trabalhamos com ela de maneira harmoniosa, segundo frequências elevadas, ajudamos a maximizar o conteúdo evolutivo da Terra e, como resultado, negamos os vínculos kármicos com a Terra.

Fazendo Comparações

Quando fazemos comparações de algum tipo, elas geram insatisfação em nós mesmos, levando-nos a novas comparações que, por sua vez, levam a depressões brandas. A depressão branda é gerada pela insatisfação gerada pelas comparações, criando uma rota espiralada descendente que leva a uma depressão severa. É extremamente difícil identificar essa espiral descendente em nós mesmos, e é mais difícil ainda revertê-la.

Porém, também podemos usar a comparação como um antídoto ou até negar o possível início dessa condição caso a usemos adequadamente e com atenção. Feita corretamente, a comparação entre onde estamos e onde estávamos pode ter uma função espiritual. Portanto, observando o que atingimos pessoalmente e comparando-nos conosco mesmos, podemos criar um nível de contentamento e felicidade.

Quando estamos felizes e contentes com aquilo que conseguimos, sentimos um brilho cálido que ilumina a escuridão e eleva nossas frequências. Assim, criamos uma espiral ascendente que resulta em uma função iluminada e em uma ascensão frequencial continuada.

Reclamando: uma Intoxicação de Baixa Frequência

Reclamar de nossa posição, status, situação, falta de capacidade, falta de apoio ou de saúde, ou que sentimos que fomos atingidos por algum motivo, é função de uma intoxicação de baixa frequência.

A intoxicação de baixa frequência é uma função kármica que resulta em ficarmos tão absortos pela existência física que nos esquecemos de que estamos aqui para experimentar, aprender e evoluir. Faz com que nos esqueçamos de que esta existência é uma ilusão; na melhor das hipóteses, uma ilusão MUITO temporária.

Estamos "encarnados" aqui para experimentar pensamentos e/ou sensações de baixa frequência e para aprender a vencê-los e evoluir com isto.

Quando adotamos a ferramenta muito útil do "eu observador", podemos perceber o surgimento desses pensamentos e identificá-los tal como são—sinais de intoxicação de baixa frequência. Se nós a identificarmos, poderemos conseguir superar a adversidade da baixa frequência.

Precisando Manter o Controle

Estar "no controle" é como conspirar com um falso amigo. Embora o controle seja útil em situações que exigem que nos controlemos ou controlemos outras pessoas, como em emergências ou situações de crises, ele é prejudicial fora desses contextos. O controle é prejudicial quando o aplicamos inadequadamente a nós mesmos e/ou a terceiros.

Quando nos aplicamos controles desnecessários durante nossa existência cotidiana, corremos o risco de perder essas reações espontâneas necessárias para apoiar as oportunidades que surgem "do nada" para experimentarmos coisas novas. Oportunidades como essas costumam ser exemplos de circunstâncias que nos são dadas por nossos guias e ajudantes espirituais, quer porque precisamos mudar, quer porque precisamos de alguma mudança. Isso é o que chamam de "seguir o fluxo", o que não é possível caso sejamos excessivamente controlados ou precisemos estar sempre "no controle". Neste caso, o fato de sermos autocontrolados limita nossa capacidade de acessar informações de frequência superior, mantendo-nos sob frequências mais baixas, uma função do karma.

Quando controlamos outras pessoas, somos tentados a usá-las em nosso próprio benefício e não em benefício delas mesmas. Mesmo que nos sintamos justificados ou até encantados ou felizes por estarmos no controle, neste caso a sensação de justificação ou de felicidade é aquele aspecto do controle que nos diz que ele é um falso amigo— pois não deveríamos nos sentir felizes ou justificados por estarmos controlando outras pessoas.

Comparando e Contrastando

O contraste é uma função pouco conhecida e quase ignorada da comparação. Quando comparamos e contrastamos nossa situação em relação à situação de outras pessoas, julgamos as diferenças e tiramos conclusões sobre a aceitabilidade dessas diferenças. Fazemos isso à luz de nosso recém-adquirido "padrão" de uma situação potencialmente melhor para estarmos, mesmo que ela não o seja.

Se, no entanto, usássemos o contraste como meio de determinar como podemos ajudar outras pessoas que são menos capazes de cuidar delas mesmas, poderíamos transformar esta oportunidade potencial de acumular karma de baixa frequência numa oportunidade para ganhar karma de alta frequência e o conteúdo evolutivo correspondente. Isto se aplica particularmente quando procuramos usar o "contraste" como meio de determinar o que podemos fazer por um grupo de indivíduos que vivem em condições precárias em contraste com a nossa.

Neste caso, estamos ativando o conteúdo evolutivo alinhado com nossa prestatividade em vez de cairmos pela escorregadia ladeira da insatisfação com nossa situação atual, em contraste com um padrão mais elevado—que pode ser apropriado ou não.

Atraindo Karma Positivo pela Alegria

Experimentar a alegria em nossas vidas encarnadas é tocar no nervo da existência em frequências elevadas.

Quando nos sentimos alegres, somos felizes. Quando somos felizes, estamos em sintonia com todas as coisas e todas as coisas estão em sintonia conosco. Este sentimento é um sinal de que estamos experimentando as elevadas frequências do espírito enquanto estamos encarnados.

Para nós, é importante tentar nos mantermos em situações nas quais nos sentimos felizes, lembrarmo-nos delas e depois levá-las, juntamente com aquele sentimento, onde quer que vamos. Nós as aumentamos adicionando outros momentos e situações nos quais nos sentimos felizes. Desta forma, criamos um quadro completo da alegria e daquilo que nos faz felizes.

Quando conhecemos e buscamos aquilo que nos dá alegria e nos mantemos num estado contínuo de alegria, elevamos automaticamente nossas frequências básicas. Fazê-lo permite que experimentemos novas alegrias, alegrias sempre novas, todas as vezes em que nos sentimos felizes.

À medida que experimentamos frequências cada vez mais elevadas, bloqueamos a influência das frequências inferiores, por mais que estas se esforcem para nos levar para baixo. Neste processo, afastamo-nos da influência do karma. Deste modo, aproximamo-nos de nosso Criador e experimentamos a alegria suprema de sermos um com Deus.

Sendo Felizes

A felicidade é um produto da alegria e é um exemplo visível de um estado no qual pensamos e existimos com alegria.

A felicidade pessoal é o efeito, a longo prazo, de uma existência "alegre", cobrindo as lacunas entre experiências alegres. O ciclo "alegria-felicidade-alegria-felicidade-alegria" é um modo profundamente eficiente de elevar nossas frequências, especialmente quando a experiência da alegria e a produção subsequente da felicidade resultam da atividade espiritual.

Deste modo, podemos acelerar nosso conteúdo evolutivo enquanto desfrutamos o processo da evolução e nos sentimos felizes com os resultados e os efeitos duradouros desse progresso.

Em essência, quando estabelecemos plenamente o ciclo "alegria-felicidade-alegria-felicidade-alegria", somos capazes de sentir novas alegrias e nova felicidade sem lacunas ou perda das frequências associadas. Como resultado, podemos elevar nossas frequências básicas, ascendendo no processo.

Vivendo o Verdadeiro Amor

O amor é o verdadeiro antídoto para todas as influências kármicas. Quando estamos "amando", estamos em paz e harmonia com tudo e com todos.

Não se trata aqui do amor no sentido humano e sim no sentido espiritual ou energético. O amor humano baseia-se na atração física, enquanto o amor espiritual/energético baseia-se na compreensão e plena apreciação da conexão entre tudo que "existe".

Quando experimentamos o "verdadeiro amor", compreendemos as razões por trás de tudo que acontece à nossa volta. Tudo que é feito por tudo e por todos tem um propósito e um sentido. Quando reconhecemos e compreendemos isto, vemos que até os supostos "atos errados" têm um propósito. Este propósito é nossa necessidade de experimentar, aprender com a experiência e obter posteriormente um conteúdo evolutivo.

Sentir o "verdadeiro amor", portanto, permite-nos compreender plenamente o processo da existência encarnada. Permite-nos ver a beleza em tudo e em todos, perdoar os atos errados antes mesmo que aconteçam e não ter inimigos. É então que percebemos que somos todos seres encarnados que se esforçam para evoluir da maneira como o fazemos e que tudo está sob ordem divina.

Quando sentimos o "verdadeiro amor", não temos sentimentos ruins, não fazemos nada que possa atrair pensamentos de baixa frequência e ajudamos tudo e todos em todas as circunstâncias. Neste processo, não incorremos em karma.

Cometendo Suicídio

O suicídio é um método para se obter karma instantâneo e maciço. O karma acumulado como resultado do suicídio é obtido de duas maneiras:

Primeiro, por profanar de maneira terminal o dom do veículo físico, pois estes são escassos em comparação com o grande número de entidades energéticas solicitando uma existência encarnada; e...

Segundo, não como resultado do ato do suicídio, mas como resultado da associação com as frequências inferiores, o que resultou no desejo de cometer o ato do suicídio.

Em essência, a primeira maneira de obter karma em função do suicídio é o resultado da segunda maneira.

Identificando o Karma Instantâneo

Se causamos qualquer tipo de sofrimento a outra pessoa e depois recebemos de volta aquilo que demos a essa pessoa ou o recebemos de outra pessoa, temos um exemplo de "karma instantâneo" ou "retribuição divina".

Pode ser útil receber karma instantâneo por dois motivos: 1) não ficamos presos ao ciclo kármico como resultado daquilo que causou o karma instantâneo, pois recebemos uma ação igual em troca; e 2) somos capazes de aprender com o erro e corrigi-lo rapidamente se formos perspicazes o suficiente para perceber que essa é uma situação de karma instantâneo.

O karma instantâneo, também classificado como retribuição divina, acontece quando está sendo realizada uma função invisível sobre a pessoa que fez com que alguém sofresse (aquele que causou inicialmente o sofrimento a outro), a pessoa que sofreu com o incidente causado por outro (o "sofredor"), e o terceiro "causador" que devolve o sofrimento do indivíduo que o causou inicialmente. Esta função é a capacidade subjacente dessa terceira pessoa de ajustar um karma prévio e similar com a primeira pessoa, limpando esse vínculo kármico específico.

Tal como acontece com tudo que fazemos quando estamos encarnados, isso se baseia num nível significativo de logística acontecendo por trás das cenas espirituais, com nossos guias e auxiliares esforçando-se para nos ajudar e ajudar aqueles com quem interagimos, para podermos experimentar, aprender, evoluir e limpar o karma ao longo do caminho. Este é, de fato, um método divino para limpar o karma.

Escolhendo Nossos Amigos

É importante tomarmos cuidado com os falsos amigos—aqueles que nos levam a prazeres de baixa frequência, como sensações físicas ou a qualquer forma de materialismo ou mexerico, pois só estarão nos ajudando a nos viciarmos na existência sob baixa frequência.

O verdadeiro amigo é aquele que trabalha para o progresso espiritual e evita qualquer coisa que não se concentre nessa meta.

O verdadeiro amigo é aquele que busca os prazeres mais simples da existência encarnada, aqueles obtidos através da vida correta e da meditação sobre a realidade maior, em vez de almejar a gratificação instantânea oferecida pela fisicalidade e pelas demandas dos outros.

Evitando o Apego

O apego no sentido humano—ou seja, o apego a outra pessoa—também é um modo muito eficiente de nos mantermos na existência sob frequências inferiores. Neste caso, o apego não é amor, mas a "necessidade" de estarmos próximos ou "na presença" de certo indivíduo ou da fisicalidade desse indivíduo.

O apego é, portanto, uma forma de materialismo, mas como se relaciona com a necessidade da "presença pessoal", não costuma ser facilmente identificado dessa forma.

O apego afeta tanto o "iniciador" do apego quanto o "foco" do apego como resultado de um vínculo energético entre os dois. Manter o "iniciador" e o "foco" ligados às frequências associadas às suas fisicalidades, o que é uma função kármica, retarda a capacidade de ascensão pelas frequências tanto do "iniciador" quanto do "foco", criando assim um ciclo kármico.

É claro que criamos apego pelos entes queridos durante nossa encarnação, mas não devemos nos prender a eles e mantermo-nos apegados quando estiverem no processo de terminarem suas encarnações, pois isto mantém tanto o "iniciador" quanto o "foco" sob frequências baixas.

Planejamos nossa saída do plano físico de maneira a maximizar nossa oportunidade experiencial e posteriormente evolutiva dentro de uma estrutura encarnada conhecida. Infelizmente, talvez a pessoa que deu início ou criou o apego não goste disso. Neste caso, devemos aceitar que o método de saída foi escolhido previamente, e por isso devemos respeitá-lo e honrá-lo. É hora de enviar-lhes o verdadeiro amor "desapegado", sabendo que por não haver apego, ou porque o removemos ativamente, nós os ajudaremos a evoluir, sem detê-los nas frequências inferiores do plano físico.

Vivenciando o Amor Divino

A paixão é uma forma significativamente mais forte de apego. É estar totalmente absorto pela fisicalidade do outro, a ponto da distração quase absoluta. Nesta situação, ignoramos nossa necessidade de realizar as atividades pelas quais somos responsáveis, especificamente quando estamos diante da presença física do foco de nossa paixão.

A paixão pode aparecer disfarçada de amor e com frequência o faz. Quando sentimos que estamos amando e não apaixonados, ficamos cegos a seus efeitos daninhos. Neste caso, o único antídoto consiste, acima de tudo, em estar sob o amor divino e não o amor humano; fazendo isso, transcendemos a atração pela condição física e removemos a possibilidade de atrair karma.

Nem o apego, nem a paixão, podem se sustentar quando sentimos o amor divino, pois quando sentimos o amor divino estamos em sintonia com todas as coisas e todas as coisas estão em sintonia conosco. Quando sentimos o amor divino, percebemos o estado transitório do plano físico com todas as suas atrações e vícios, e, portanto, não somos afetados por essas atrações de baixa frequência.

Praticando o Desapego

O desapego pode ser tanto útil quanto um obstáculo no que se refere à atração das baixas frequências.

Se nos desapegamos da existência sob frequências superiores em função de alguma forma de distração que nos faz pensar que o físico denso é "tudo que existe", então ficamos presos e sucumbimos aos estímulos de baixa frequência oferecidos pelo ambiente físico denso. Este processo desafortunado resulta numa "cegueira da realidade", porque nos concentramos em todas as formas de materialismo.

Se nos desapegamos das distrações de baixa frequência do físico denso que ocorrem regularmente, podemos manter nossa existência sob frequências elevadas enquanto estamos encarnados. Crescemos quando experimentamos essas distrações, identificamo-las, aprendemos com elas e agimos corretamente. Subsequentemente, evoluímos em função de seu efeito transitório. Embora o efeito seja transitório, neste caso ele é benéfico, pois percebemos o que ele é, uma função da existência sob baixas frequências. É uma oportunidade para nós, como entidades encarnadas, percebermos aquilo que nos afeta. Quando "vemos, sentimos e sabemos" a razão para sua existência e seguimos o caminho correto, negamos sua influência e a transformamos em karma positivo, o que, como resultado, permite-nos ascender em frequência.

Sentindo o Amor Divino

O amor divino está ao nosso redor. Ele permeia o multiverso e, portanto, faz parte de nossa própria existência.

Contudo, se o amor divino permeia tudo, por que não é sentido por todos e tudo o tempo todo?

A razão pela qual não conseguimos sentir o amor divino é nosso foco na existência cotidiana no plano físico denso.

Estamos aqui para experimentar a vida encarnada em seus mínimos detalhes, mas estes costumam nos distrair muito. Se formos capazes de fazer uma pausa regular em nossos compromissos cotidianos e abrir espaço para meditar e apreciar tudo que nos envolve, então poderemos nos ligar às energias que servem de base para o universo físico denso e, portanto, para o multiverso.

Essas energias foram usadas pela Fonte na criação do multiverso quando Ela cedeu parte de Si mesma. A Fonte é o amor divino e ama a todos e a tudo o que criou. Somos um com a Fonte e a Fonte é uma só conosco. SOMOS A FONTE, e estamos, portanto, no amor, o amor divino, o tempo todo.

Tudo que temos a fazer é reconhecer isto, abrindo nossos corações durante a meditação e aceitando tudo que existe. Isto vai nos permitir enxergar além do plano físico, ligando-nos a todos e a tudo, e reconhecer que somos todos um—todos um no amor divino.

Alinhando-nos com o Conhecimento Divino

Quando nos alinhamos com o conhecimento divino ou cósmico, nós nos removemos das imprecisões apresentadas pelas frequências inferiores do universo físico. Quando estamos alinhados com o divino, vemos através da fachada do plano físico, compreendendo-o tal como ele é: um modo de experiência destinado a acelerar nossa evolução por meio de dificuldades.

Quando estamos alinhados com o conhecimento divino, podemos trabalhar com os desafios que nos são apresentados com a consciência plena do que estamos experimentando e da razão para estarmos experimentando isso num ponto específico de nossa existência encarnada. Isto nos permite extrair o melhor das situações, negando nossa necessidade de experimentar a mesma coisa por não termos aprendido a "lição" na primeira vez.

Para nos alinharmos com o conhecimento divino, devemos ser diligentes e reservarmos um período inegociável para meditar com o coração aberto e a mente vazia. Ao fazermos isso, permitimos que a realidade maior do conhecimento divino suplante a "realidade menor" do conhecimento pessoal que criamos enquanto estamos encarnados.

Só podemos nos alinhar com o conhecimento divino dedicando-nos a conhecer a verdade e os meios necessários para podermos abrir a porta para a verdade. É um trabalho para a vida a toda, mas vale muito a pena.

Acumulando Karma Retrospectivo

O karma retrospectivo baseia-se em sermos levados de volta a discussões sobre o que aconteceu no passado ou em espaços de eventos (épocas) anteriores. Quando somos atraídos por fofocas sobre o que aconteceu no passado, somos atraídos não só pelas existências em baixa frequência baseadas naquele espaço de eventos, como também pelos eventos de baixa frequência que estavam atuando nos espaços de eventos prévios que levaram à baixa frequência. Isto resulta numa recordação "de imersão total" daquilo que foi experimentado em termos frequenciais.

Assim, o karma se acumula de duas maneiras: 1) aquele que acumulamos atualmente; e 2) aquele que acumulamos vivendo no passado—em retrospectiva.

Existimos no espaço de eventos, não no tempo, e o espaço de eventos não tem limites. O espaço de eventos existe simultaneamente. Assim, tudo que se relaciona com aquilo que chamamos de tempo (passado, presente e futuro) existe ao mesmo tempo em diferentes "esferas" de eventos, em áreas específicas do espaço que permeia o multiverso e para além dele. Como o espaço de eventos está sempre conosco, é fácil acumularmos karma retrospectivamente, e, de fato, muitos encarnados atraem o karma desta forma.

O único antídoto consiste em vivermos no momento, recusando-nos a sermos atraídos por discussões sobre eventos negativos do passado ou quais eventos ruins poderiam acontecer no futuro, segundo as tendências atuais. Para fazer isso, deveríamos agradecer aos antagonistas e desejar-lhes um bom dia, procurando a companhia de pessoas boas e espiritualmente conscientes.

Existindo numa Esfera de Dois Anos

Como seres encarnados, existimos numa esfera de dois anos, na qual nos relacionamos apenas com aquilo que aconteceu em espaços de eventos até os doze meses anteriores e com espaços de eventos que se relacionam com nossos planos para os doze meses seguintes. Quando existimos desta maneira, ficamos expostos constantemente às mesmas experiências ou similares, a menos que sejamos capazes de aplicar o conteúdo de lições aprendidas em experiências similares anteriores.

Só quando temos um evento que nos leva a mudar o foco, como um acidente, um problema de saúde ou de trabalho, trazemos eventos de espaços de eventos anteriores e "relacionados" de fora da esfera de dois anos para nos ajudarem a solucionar o problema ou a introduzir os processos necessários para mudarmos de foco. Nessas situações, saímos da atual realidade física e envolvemos a "realidade maior" que inclui eventos passados, presentes e futuros. Os eventos futuros só estão disponíveis para aqueles dotados de certo conteúdo evolutivo e com os subsequentes aspectos frequenciais básicos para apoiar clarividência, clariaudiência, clarissensiência etc.

Trazer experiências de espaços de eventos fora da esfera de dois anos é uma vantagem clara, porque com isso somos capazes de identificar oportunidades para não cometermos erros similares aos cometidos antes, não incorrendo assim em karma cíclico. Logo, o antídoto é a nossa capacidade de existir dentro de uma esfera de dois anos, vivendo o quanto pudermos no momento enquanto nos valemos, o máximo possível, da experiência de eventos situados fora da esfera de dois anos. Aprender a lição uma vez e aplicar esse aprendizado às nossas experiências atuais, portanto, é preferível a experimentar e lidar com essa experiência como se fosse a primeira vez.

Identificando Ações/Reações Anteriores

O karma cíclico se repete de maneira conhecida e cíclica quando ainda não aprendemos suficientemente bem determinada lição, garantindo que a exposição repetitiva a ela vai resultar na escolha de ações corretas e "fundamentadas". Sua função é dupla: 1) expor-nos a experiências similares que obtém o mesmo resultado kármico caso a original não seja reconhecida, e 2) conferir se aprendemos o processo que criou o vínculo kármico da primeira vez.

Quando percebemos os processos que resultam nas mesmas experiências ou em experiências similares, podemos agir de forma a garantir que adotaremos as reações corretas sempre que formos expostos a essas experiências. Desse modo, interrompemos o karma cíclico.

Neste caso, o antídoto consiste em sermos vigilantes, ficando atentos ao que se repete e à maneira como reagimos. Nossa meta é procurar não repetir as reações que resultaram no fato de a lição não ter sido plenamente aprendida e na repetição do vínculo kármico.

Evitando o Karma Cíclico

O karma em espiral descendente é o karma repetitivo (cíclico) que resulta na atração gradual, mas sempre crescente, pela existência sob baixas frequências, com severidade cada vez maior. Neste caso, o karma acumulado atrai tanto mais karma (frequências mais baixas) quanto mais ignoramos as diversas oportunidades de aprendizado e preferimos evitar ativamente a ação corretiva necessária para impedir seu desenvolvimento.

Quando ficamos presos às garras do karma em espiral descendente, é extremamente difícil, se não impossível, revertermos a tendência sozinhos—a menos, é claro, que isto faça parte de nosso plano de vida. Neste caso, precisamos aceitar as observações e comentários daqueles que estão ao nosso redor e que conseguem ver a espiral descendente ocorrendo; precisamos aceitar a ajuda que nos oferecem. Para isso, temos de ser humildes, um processo mental difícil para adotarmos quando estamos "no meio" da espiral. Também é preciso termos amigos realmente "resilientes" para nos ajudar quando estamos presos neste tipo de karma, pois eles irão se defrontar com muitos episódios de resistência nos quais não vamos demonstrar gratidão por sua ajuda.

Sentindo o Luto

O luto é uma parte essencial de nossa existência experimental no plano físico; entretanto, se for levado longe demais, pode se tornar uma armadilha do físico que conduz ao karma.

O próprio luto focaliza nossas perdas pessoais, ampliadas pela passagem de inúmeras experiências compartilhadas com base na presença física de um indivíduo.

O luto nos traz grande tristeza, o que, em si, não reflete verdadeiramente as experiências que tivemos; portanto, ele distorce e domina as lembranças das alegrias que sentimos antes.

Embora possa ser difícil, o antídoto consiste em afastar o foco da perda recente e pensar nos anos de alegria experimentados na presença do encarnado que acabou de deixar a forma física e ascendeu, voltando às frequências naturais de seu domicílio. Não devemos nos apegar ao passado (espaços de eventos prévios), pois isso é outra forma de karma. Em lugar disso, é sábio nos lembrarmos saudosamente que nossa vida encarnada juntos foi uma aventura e tanto, e planejar a próxima.

Vivendo no Passado

Viver no passado é uma armadilha do físico que leva a karma. Leva-nos a comparações, insatisfação, reflexões negativas e à incapacidade de estarmos no presente. O objetivo de estarmos no presente e não no passado é usar o que foi experimentado no passado para efetuar reações corretas aos desafios que nos são apresentados "agora".

Dizer que poderíamos ter feito melhor quando pensamos nas ações realizadas no passado, com base no que sabíamos na época ou pensando/afirmando que as "coisas" eram melhores antes, cria apenas a insatisfação com nosso desempenho passado. Isto, por sua vez, cria um regime contínuo de reflexões negativas.

Agimos e reagimos com base em nossas experiências e na capacidade de lidar com aquilo que nos é apresentado. Determinamos a "qualidade de um evento" no modo como lidamos com as ferramentas de habilidade e com as experiências prévias. Aceitar que o modo como reagimos e agimos foi o melhor que poderíamos ter feito nessas circunstâncias é o que chamamos de "viver no presente". Quando aceitamos isto, negamos a necessidade de nos referirmos constantemente ao passado, comparando-o com o "quase presente" ou "agora". Isto, por sua vez, permite-nos continuar a crescer evolutivamente em lugar de transformar o que fizemos numa função do karma, com base no desempenho físico.

Isto não afasta a necessidade de aprendermos com nossos erros, mas afasta a necessidade de nos castigarmos quando identificamos nossos "erros" em retrospectiva.

Sendo Gratos

Quando mostramos gratidão por uma boa ação que alguém fez por nós, isso incentiva outras boas ações. Podemos demonstrar gratidão quando recebemos pessoalmente uma boa ação ou quando outra pessoa a recebe. Na verdade, a expressão de gratidão é um sinal de reconhecimento, não apenas pela ação e sua importância em si, como também pela atenção de quem a praticou quando viu nossa necessidade ou a de outras pessoas.

Não devemos, no entanto, demonstrar falsa gratidão que apenas reconhece a ação em nome do agradecimento, pois isso é tão negativo quanto não demonstrar gratidão alguma.

Simplesmente reconhecer o que foi feito por nós ou pelos outros transmite, de maneira passiva, gratidão pelo que foi feito. A gratidão passiva é "recebida" energeticamente pelo autor da boa ação, bem como o incentivo subliminar.

A promoção de boas ações mediante a gratidão, portanto, é um acelerador. Existe um padrão nisso. Quanto mais incentivo recebemos através da gratidão realmente sentida, mais boas ações iremos realizar, a ponto de chegarmos a nos elevar até o ponto no qual as boas ações são uma coisa normal para nós, quando então não vamos mais precisar do reconhecimento por elas. Neste ponto de nosso desenvolvimento, seremos realmente prestativos, evitando o karma nesse processo.

Sendo Atentos

Sermos atentos à maneira como agimos enquanto estamos encarnados é uma excelente ferramenta em nossa luta contra o acúmulo de karma. Sermos atentos significa que nos damos tempo suficiente para pensar em nosso ambiente, na maneira como ele nos afeta, como estamos sendo afetados por quem e o que está no nosso ambiente e como podemos lidar de maneira eficaz com quem e o que nos afeta, sem criarmos qualquer tipo de apego de baixa frequência: transitórios ou de curto, médio ou longo prazo.

Neste caso, nós, como encarnados atentos, podemos ver todos os vínculos possíveis com as frequências baixas ou as reações ou respostas que geram karma, evitando tudo com facilidade e maximizando seu potencial evolutivo em todas as oportunidades. Isto se aplica mesmo em ambientes ou condições adversas.

Desenvolvendo a Apreciação Consciente

A apreciação obtida pela atenção é uma maneira muito poderosa de nos sintonizarmos com a funcionalidade do universo físico onde existimos.

Se formos atentos o suficiente para enxergar além de nossa experiência inicial e observar a beleza nas propriedades interativas daquilo que estamos experimentando, podemos aceitar todas as experiências e o que elas nos trouxerem, apreciando as oportunidades evolutivas subjacentes que nos são apresentadas, recebendo-as de braços abertos—evitando com isso as forças kármicas.

Observando Detalhes

Quando demonstramos apreciação através da atenção, experimentamos os menores detalhes da existência física. Podemos, por exemplo, observar o trabalho por detrás da apresentação dos alimentos que comemos.

Podemos fazer isso segundo muitas perspectivas, como, por exemplo, vendo ou pensando no plantio de uma semente, o crescimento e a alimentação do vegetal, a colheita da lavoura, sua limpeza e preparação para venda, a remessa desde a plantação até a loja e depois para nossa despensa, de nossa despensa para a panela, observando todo o trabalho do cozinheiro para levá-lo ao nosso prato. Percebemos parte ou todo o trabalho feito para que esse alimento seja saboreado e experimentado, e a energia que ganhamos, o ânimo que sentimos quando somos energizados pelo alimento.

Quando apreciamos alguma coisa pela atenção e reconhecemos o trabalho que foi preciso para produzir aquilo de que necessitamos em nossa existência encarnada cotidiana, não oferecemos negatividade e somos gratos por aquilo que recebemos, independentemente do que for. Agradecemos e incentivamos. Fazendo isso, promovemos reações de alta frequência nesse processo e evitamos possíveis reações de baixa frequência relacionadas com o karma.

Balanceando nossas Experiências

Experiências que classificamos como ruins ou "abaixo do ideal", como a perda de um ente querido, a perda de uma posição de poder ou responsabilidade, um acidente com o carro ou a lata de tinta que entorna sobre o tapete enquanto decoramos a casa fazem parte do fato de passarmos por um conjunto equilibrado de experiências no plano físico.

Esperamos que aconteçam coisas boas conosco o tempo todo em que estamos encarnados, e, como tal, temos a tendência a nos concentrarmos apenas nas coisas que classificamos como boas ou "ótimas". Ignoramos a importância de experimentar as situações supostamente ruins ou "abaixo do ideal". No entanto, a forma como reagimos a essas experiências abaixo do ideal em comparação com as ótimas é que dita se estamos concentrados em estar "na" experiência.

Quando experimentamos eventos ideais e prestamos pouca ou nenhuma atenção neles, somos "parte deles" mas não "deles", a menos, é claro, que o ego tenha um papel a representar na experiência ideal. Quando experimentamos eventos abaixo do ideal, prestamos muita atenção neles e nos tornamos "deles" mas não "parte deles". Nestes últimos, esquecemo-nos do quadro geral que essas experiências incluem, e o resultado é uma atração involuntária pelas reações de baixa frequência, associada com a experiência por meio de emoções como o desapontamento.

O antídoto que foi sugerido diversas vezes neste guia é nos afastarmos para ver que lição a experiência nos ofereceu. Deve levar algum tempo até percebermos qual seria a rota de resposta correta. Aprendemos a lição e conseguimos o conteúdo evolutivo atribuído à experiência? Tendo em mente este conhecimento, podemos ver a beleza da experiência e sua atemporalidade, elevando-nos então acima da possibilidade de ficarmos presos às frequências inferiores.

Sorrindo na Adversidade

Sorrir diante da adversidade é uma excelente maneira de nos mantermos numa existência de frequência elevada enquanto estamos encarnados. Sorrir diante da adversidade significa que não estamos consumidos pelas baixas frequências da condição adversa, e sim "felizes" diante da oportunidade de enfrentar os desafios que nos são apresentados.

Recordar: a Chave para Evitar o Karma

Recordar, especialmente quem e o que somos e porque estamos aqui, é a chave suprema para evitar o karma.

Como Evitar o Karma

Mediante diligentes meditações diárias, nós, como indivíduos encarnados, podemos estabelecer a comunhão com a realidade maior. Assim, reconfortamo-nos com o fato da existência encarnada ser apenas uma parte transitória de nossa existência total, compreendendo nosso papel nela. Isto nos permite olhar mais a fundo "o que existe", o que vai nos permitir acessar níveis inéditos de nossas memórias energéticas, aumentando assim nosso nível de "conhecimento", que "é" uma função da recordação.

Quando estamos "recordando", sabemos como reagir de maneira ideal a todas as experiências e em todos os ambientes, desviando com facilidade do redemoinho de riscos de apego a baixas frequências— evitando assim o karma.

A Sabedoria da Entidade Fonte para Evitar o Karma

Nesta seção, incluí algumas "palavras de sabedoria" da Entidade Fonte que eu acho que deveriam acompanhar as maneiras de evitar o karma apresentadas neste livro. Cada uma foi escolhida especificamente por conta da forma como amplia a orientação que já foi dada. De fato, em termos de conselhos, cada um de nós é mais do que capaz de "andar com suas próprias pernas", digamos, motivo pelo qual eu incluí isto.

Quando a Fonte usa a palavra "nós", ela está Se considerando uma só com todos nós—como nós. O que nós experimentamos, Ela experimenta. O que aprendemos, Ela aprende. Quando nós evoluímos, Ela evolui.

Devemos nos tornar nossos próprios gurus e parar de considerar o que nos está sendo apresentado através das experiências, estudando diversos cenários "e se" antes de decidir o que fazer. Então, escolhemos a resposta ideal e registramos o resultado. Se a resposta escolhida não foi a ideal, analisamos o que nos levou inicialmente a escolher essa resposta e fazemos uma anotação mental para não a repetir novamente naquele cenário.

Quando aprendemos com a escolha de certas respostas e registramos mentalmente os resultados, desenvolvemos um banco de dados de caminhos ou processos conhecidos que podemos seguir quando nos defrontamos com uma experiência nova mas similar. Com isso, temos certeza de obter uma resposta bem sucedida das próximas vezes. Em essência, quando aprendemos as lições e aplicamos com vigor o que aprendemos, não somos apenas bons alunos, mas também bons professores, pois aluno e professor são a mesma pessoa.

A luz interior é a luz exterior. A menos que aceitemos que nossa luz é interior, não iremos brilhar no exterior. Quando aceitamos a luz interior, sabemos que somos seres belos, que somos um com nosso Criador, perfeitos de todas as maneiras, e que nada fora de nós vai extinguir esta luz interior.

A luz da beleza não está apenas no olho de quem vê; está em nosso olhar espiritual, caso possamos contemplá-la dentro de nós mesmos.

Os caminhos que levam a Deus são muitos e variados, mas seja qual for o caminho que trilharmos, devemos torná-lo o nosso. Devemos ser persistentes, pacientes e não nos deixarmos seduzir pelo caminho do outro, que pode parecer mais rápido, mas na verdade não é.

Se somos egoístas, tudo bem, desde que sejamos egoístas apenas ao buscar o caminho que leva à comunhão com Deus.

Quando somos calmos e nos adaptamos às mudanças sem culpar ninguém, estamos de posse da passagem para ascendermos com a ascensão.

A ascensão é inevitável, desde que continuemos a questionar nossa razão para existir, mantendo assim o desejo de saber porque e como nosso universo foi criado.

Meditação é a capacidade de nos concentrarmos 100% em Deus, e, como resultado, tornarmo-nos conscientes da presença de Deus.

Medo é a barreira usada pelo ego para nos impedir de comungarmos com Deus, pois a comunhão com Deus resulta na perda do ego.

Por que temer aquilo de que somos parte? Deus nos ama porque somos parte de Deus. Como somos parte de Deus, somos amados por Deus e podemos experimentar Deus. No entanto, Deus só pode ser experimentado quando olhamos para dentro, mantendo-nos quietos, tranquilos.

Na busca pela unidade com Deus, antes devemos abrir a porta do coração. Só então Deus virá pela porta.

Nossa razão de ser é despertar em Deus, conhecer a Deus, ser um com Deus e ser Deus enquanto encarnados—uma tarefa simples que tornamos tão difícil de realizar porque sucumbimos a nossos desejos físicos.

No silêncio, Deus pode ser encontrado; em Deus, pode ser encontrado o silêncio—o silêncio da alegria de se conhecer a Deus.

Alguns preferem despertar confortavelmente. Alguns preferem despertar desconfortavelmente. A aceitação é a receita para despertar confortavelmente; a resistência cria desconforto.

Aquilo que é visto pelo olho físico é apenas um microcosmo de um microcosmo de um microcosmo. Não é a verdadeira realidade, pois o físico é uma criação de nossa Entidade Fonte, nosso Deus, para nos permitir experimentar os mínimos detalhes do que foi criado, o multiverso onde existimos para fins evolutivos. Se abríssemos nossos olhos, veríamos além da fachada que nos separam do resto da criatividade.

Para abrirmos os olhos, devemos ser meticulosos em aprender a meditar, a buscar a verdade, a renunciar ao que parece ser real, a ser inabaláveis em nosso desejo de fazer parte da realidade maior, a evitar

Como Evitar o Karma

ficarmos presos no teatro da existência no plano físico, a perdoar e esquecer, a ajudar sem expectativas, a existir em amor e harmonia—a "SERMOS" aquilo que "SOMOS"—"UM SÓ" com nosso "Criador".

Por que deveríamos nos contentar com a consciência no físico se podemos comungar com Deus e conquistar a consciência cósmica?

Não existe separação. Somos um só com Deus e Deus é um só conosco. Por que buscar externamente aquilo que está sempre em nosso interior?

Por que não entramos hoje em contato com Deus em vez de fazê-lo amanhã, se podemos fazê-lo hoje, amanhã e depois de amanhã...?

Deus nos julga por nossas ações, não por palavras; portanto, quando dizemos que vamos meditar sobre Deus, devemos FAZER ISSO! E sermos recompensados pela comunhão com Deus e não pela "ideia" de comungarmos com Deus.

Abrace o que está no seu interior—Deus!

A física espiritual é a compreensão da existência de conhecimentos situados "além" do conhecimento.

Como Evitar o Karma

Enquanto estamos no plano físico, a realidade é, em essência, aquilo que "pensamos que sabemos", mas que de fato "vamos saber" quando voltarmos ao plano energético.

É sábio nos questionarmos sobre a realidade. Ela não é a necessidade mundana de acordar, trabalhar, comer, dormir e ser melhor do que os outros.

O perdão é o maior presente que Deus nos deu. Deveria ser incondicional e instantâneo.

A negatividade deveria ser vista como uma oportunidade de criar a positividade.

Para entrar no multiverso enquanto estamos encarnados, precisamos reconhecer o universo físico pelo que ele é e pelo que não é.

Ele "não é" a verdadeira realidade; ele "é" uma oportunidade para a evolução individual.

Ele "não é" o princípio e o fim ou a oportunidade de ser o cachorro que devora o cachorro; "ele é" o cachorro que ama o cachorro e compartilha sua comida em partes iguais.

O universo físico nada é senão um teatro, uma peça que criamos, a oportunidade de nos esforçarmos para lembrar nossas falas e nossas ações quando nos defrontamos com as experiências que escolhemos. Por este motivo, tudo que fazemos é dentro dessa peça, uma peça manifestada no teatro chamado Terra.

Devemos ter discernimento em relação ao nosso trabalho e aceitar apenas aquilo que ressoa como verdade em nós. Há muitos textos espirituais escritos pelo ego ou por "aproveitadores" em vez de virem da fonte da verdade. Só devemos acolher aquilo que ressoa em nós como correto.

Hoje, muitos professores apresentam a mesma informação de maneiras diferentes. Isto é necessário porque todos nós estamos em níveis diferentes de evolução e de despertar. Mais importante ainda, todos nós temos formas diferentes de absorver e de experimentar o conhecimento. Portanto, o que pode ser a espiritualidade básica para uma pessoa pode ser a alta espiritualidade para outra. Assim, a ascensão é para todos nós.

Querer entender onde estamos em comparação com os outros não é uma boa prática, pois introduz a inveja ou o ego.

As datas são um grande equívoco, pois ficamos confusos quando não acontece nada discernível que possa ser atribuído à data. No entanto, elas podem ser usadas como marco para indicar que nós deveríamos ter atingido (coletivamente) certo nível de frequência.

Nós ESTAMOS ascendendo pelas frequências num ritmo sustentável e robusto, permitindo-nos ter pequenos revezes sem afetar nosso processo geral de ascensão. A ascensão no "fio da navalha" desejada pela maioria dos espiritualistas não é a ideal e nem é sustentável, pois é tão fácil descer quanto subir pelas frequências. Quando o salto é grande, a queda pode ser igualmente grande.

Se somos todos um, como podemos ser singulares? Se somos todos singulares, como podemos ser todos um?

A resposta é que somos todos a totalidade coletiva da entidade que chamamos de Deus.

A Equação entre a Fisicalidade e a Mente Energética/Superconsciente

A fisicalidade (o eu encarnado) menos a mente consciente menos a mente subconsciente é igual à mente superconsciente ou energética.

ou seja, $((F - MC) - MS) = MSu/ME$

ou

$((Fisicalidade - Mente Consciente) - Mente Subconsciente) = Mente Superconsciente/Energética$

Sobre o Autor

Guy Needler MBA, MSc, CEng, MIET, MCMA estudou primeiro engenharia mecânica e depois tornou-se engenheiro eletricista e eletrônico licenciado. No entanto, ao longo desse treinamento terreno, sempre esteve consciente da realidade maior à sua volta, captando vislumbres dos mundos do espírito. Por conta disto, houve um período entre sua adolescência e seus vinte e poucos anos em que ele se dedicou aos textos espirituais da época, meditando intensamente. Mais tarde, ouviu de seus guias que deveria focalizar sua contribuição terrena e, nesse período, reduziu a intensidade do trabalho espiritual até trinta e tantos anos, quando tornou a se dedicar a seus papéis espirituais. Nos seis anos seguintes, obteve seu mestrado em Reiki e iniciou quatro anos de dedicação ao aprendizado de técnicas de terapia energética e vibracional com Helen Stott, uma aluna direta da Barbara Brennan School of Healing™, que incluiu uma atividade de desenvolvimento pessoal (inclusive psicoterapia) como pré-requisito de curso usando a metodologia Pathwork™ descrita por Susan Thesenga com metodologias adicionais de Donovan Thesenga, John e Eva Pierrakos. Seu treinamento e sua experiência em terapias de base energética levaram-no a se tornar membro da Associação de Medicina Complementar (MCMA).

Juntamente com suas habilidades de cura, suas associações espirituais incluem sua capacidade de canalizar informações do plano espiritual, incluindo-se aí o contato constante com outras entidades de nosso multiverso e seu eu superior e guias. Foi a canalização que resultou em A História de Deus, Além da Fonte e seus outros livros. Ele continua escrevendo outras obras.

Como método para manter-se enraizado, Guy pratica e ensina Aikido. Ele é Técnico Nacional do 6o Dan, com 30 anos de experiência e atualmente trabalha no emprego da energia espiritual dentro do lado físico da arte.

Guy está aberto a perguntas sobre a física espiritual e sobre quem e o que é Deus.

Website: www.guystevenneedler.com
ou email para beyondthesource@bti

Other Books by Ozark Mountain Publishing, Inc.

Dolores Cannon
A Soul Remembers Hiroshima
Between Death and Life
Conversations with Nostradamus,
 Volume I, II, III
The Convoluted Universe -Book One,
 Two, Three, Four, Five
The Custodians
Five Lives Remembered
Horns of the Goddess
Jesus and the Essenes
Keepers of the Garden
Legacy from the Stars
The Legend of Starcrash
The Search for Hidden Sacred
 Knowledge
They Walked with Jesus
The Three Waves of Volunteers and the
 New Earth
A Very Special Friend
Aron Abrahamsen
Holiday in Heaven
James Ream Adams
Little Steps
Justine Alessi & M. E. McMillan
Rebirth of the Oracle
Kathryn Andries
Time: The Second Secret
Will Alexander
Call Me Jonah
Cat Baldwin
Divine Gifts of Healing
The Forgiveness Workshop
Penny Barron
The Oracle of UR
The Oracle of UR, Book 2
P.E. Berg & Amanda Hemmingsen
The Birthmark Scar
The Birthmark Scar, Book 2
Dan Bird
Finding Your Way in the Spiritual Age
Waking Up in the Spiritual Age
Julia Cannon
Soul Speak – The Language of Your
 Body
Jack Cauley
Journey for Life
Ronald Chapman
Seeing True
Jack Churchward
Lifting the Veil on the Lost
 Continent of Mu
The Stone Tablets of Mu

Carolyn Greer Daly
Opening to Fullness of Spirit
Patrick De Haan
The Alien Handbook
Paulinne Delcour-Min
Cosmic Crystals!
Divine Fire
Holly Ice
Spiritual Gold
Anthony DeNino
The Power of Giving and Gratitude
Joanne DiMaggio
Edgar Cayce and the Unfulfilled
 Destiny of Thomas Jefferson
 Reborn
Paul Fisher
Like a River to the Sea
Anita Holmes
Twidders
Aaron Hoopes
Reconnecting to the Earth
Edin Huskovic
God is a Woman
Patricia Irvine
In Light and In Shade
Kevin Killen
Ghosts and Me
Susan Linville
Blessings from Agnes
Donna Lynn
From Fear to Love
Curt Melliger
Heaven Here on Earth
Where the Weeds Grow
Henry Michaelson
And Jesus Said – A Conversation
Andy Myers
Not Your Average Angel Book
Holly Nadler
The Hobo Diaries
Guy Needler
The Anne Dialogues
Avoiding Karma
Beyond the Origin
Beyond the Source – Book 1, Book 2
The Curators
The History of God
The OM
The Origin Speaks
Psycho Spiritual Healing
Kelly Nicholson
Ethel Marie

For more information about any of the above titles, soon to be released titles,
or other items in our catalog, write, phone or visit our website:
PO Box 754, Huntsville, AR 72740|479-738-2348/800-935-0045|www.ozarkmt.com

Other Books by Ozark Mountain Publishing, Inc.

James Nussbaumer
And Then I Knew My Abundance
Each of You
Living Your Dram, Not Someone Else's
The Master of Everything
Mastering Your Own Spiritual Freedom
Sherry O'Brian
Peaks and Valley's
Gabrielle Orr
Akashic Records: One True Love
Let Miracles Happen
Nick Osborne
A Ronin's Tale
Nikki Pattillo
Children of the Stars
A Golden Compass
Victoria Pendragon
Being In A Body
Sleep Magic
The Sleeping Phoenix
Alexander Quinn
Starseeds What's It All About
Debra Rayburn
Let's Get Natural with Herbs
Charmian Redwood
A New Earth Rising
Coming Home to Lemuria
David Rousseau
Beyond Our World, Book 1
Beyond Our World, Book 2
Richard Rowe
Exploring the Divine Library
Imagining the Unimaginable
Garnet Schulhauser
Dance of Eternal Rapture
Dance of Heavenly Bliss
Dancing Forever with Spirit
Dancing on a Stamp
Dancing with Angels in Heaven
Annie Stillwater Gray
The Dawn Book
Education of a Guardian Angel
Joys of a Guardian Angel
Work of a Guardian Angel

Manuella Stoerzer
Headless Chicken
Blair Styra
Don't Change the Channel
Who Catharted
Natalie Sudman
Application of Impossible Things
L.R. Sumpter
Judy's Story
The Old is New
We Are the Creators
Artur Tradevosyan
Croton
Croton II
Jim Thomas
Tales from the Trance
Jolene and Jason Tierney
A Quest of Transcendence
Paul Travers
Dancing with the Mountains
Nicholas Vesey
Living the Life-Force
Dennis Wheatley/ Maria Wheatley
The Essential Dowsing Guide
Maria Wheatley
Druidic Soul Star Astrology
Sherry Wilde
The Forgotten Promise
Lyn Willmott
A Small Book of Comfort
Beyond all Boundaries Book 1
Beyond all Boundaries Book 2
Beyond all Boundaries Book 3
D. Arthur Wilson
You Selfish Bastard
Stuart Wilson & Joanna Prentis
Atlantis and the New Consciousness
Beyond Limitations
The Essenes -Children of the Light
The Magdalene Version
Power of the Magdalene
Sally Wolf
Life of a Military Psychologist

For more information about any of the above titles, soon to be released titles,
or other items in our catalog, write, phone or visit our website:
PO Box 754, Huntsville, AR 72740|479-738-2348/800-935-0045|www.ozarkmt.com

www.ingramcontent.com/pod-product-compliance
Lightning Source LLC
Chambersburg PA
CBHW061450040426
42450CB00007B/1302